COMMENT ACHETER UNE ENTREPRISE

PLANIFICATION • NÉGOCIATION • STRATÉGIE

Publications
TRANSCONTINENTAL inc.
Division des livres
465, rue Saint-Jean
9ᵉ étage
Montréal, Québec
H2Y 3S4
(514) 284-0339

Données de catalogage avant publication (Canada)

Gagnon, Jean H.

    Comment acheter une entreprise : planification, négo-
ciation, stratégie

    (Collection Les Affaires)

    ISBN 2-921030-26-8

    1. Entreprises - Achat. I. Titre. II. Collection:
Collection Les Affaires (Publications Transcontinental).

HD1393.25.G33 1991   658.1'6   C91-096678-8

Conception graphique de la couverture :
Maryse Charette

Photocomposition et mise en page :
Ateliers de typographie Collette inc.

Impression :
Les ateliers graphiques Marc Veilleux inc.

Dépôt légal – 2ᵉ trimestre 1991
Bibliothèque nationale du Québec
Bibliothèque nationale du Canada

ISBN 2-921030-26-8

COMMENT ACHETER UNE ENTREPRISE

PLANIFICATION • NÉGOCIATION • STRATÉGIE

JEAN H. GAGNON

Publications
TRANSCONTINENTAL
inc.

Table des matières

Introduction 11

Chapitre 1

Planifier son acquisition 21
A. Introduction 22
B. Bien définir la mission, les besoins et
   les objectifs de l'acquéreur 22
C. Objectifs de l'acquéreur en regard des autres
   méthodes de développement 25
D. Définir les avantages recherchés et les caractéristiques
   que devra posséder l'entreprise cible 30
E. Choisir le meilleur moment pour acquérir 31
F. Définir la dimension minimale, maximale et
   optimale de l'entreprise visée 32
G. Prix d'achat et modalités de financement 34
Conclusion 36

CHAPITRE 2

Savoir bien s'entourer pour mieux réussir son acquisition 39
A. Introduction 40
B. Les conseillers requis par l'acquéreur 40
Conclusion 48

CHAPITRE 3

La recherche de l'entreprise cible idéale 51
A. Introduction 52
B. La préparation d'une grille d'évaluation 52
C. Les méthodes et les outils de recherche 57
D. L'obtention de renseignements particuliers et
   la pré-évaluation 62

E. Comment entrer en contact avec les propriétaires
    d'une entreprise cible 64
Conclusion 70

CHAPITRE 4

Est-il préférable d'acquérir l'actif ou les actions ? 73
A. Les différences entre un achat d'actions et
    un achat d'actif 74
B. Les avantages de l'achat de l'actif pour l'acquéreur 76
C. Les inconvénients de l'achat de l'actif pour l'acquéreur 82
D. Les avantages de la vente des actions pour le vendeur . 84
E. Le mot final : une structure permettant de maximiser
    et de partager les bénéfices et les risques
    de la transaction 87

CHAPITRE 5

Comment finance-t-on une acquisition ? 89
A. Introduction 90
B. La mise de fonds de l'acquéreur 90
C. Les institutions financières traditionnelles 91
D. Le solde de prix de vente 91
E. Les entreprises de capital de risque 93
F. L'octroi de participations dans l'entreprise cible ou
    dans celle de l'acquéreur 94
G. Le paiement du prix d'achat par l'émission d'actions.... 94
H. La revente d'une partie de l'entreprise acquise 95
I. Les principaux critères d'obtention d'un financement .. 96
Conclusion 99

CHAPITRE 6

Les négociations d'affaires et l'entente de principe 101
A. Introduction 102
B. Les premières négociations d'affaires : établir un
    climat de confiance et de saines règles du jeu 102
C. La recherche de renseignements : quoi rechercher et
    comment s'y prendre ? 105
D. L'engagement de confidentialité 109
E. La recherche d'options permettant de mieux satisfaire
    les intérêts des parties 109
F. L'entente de principe et la lettre d'intention 112
G. L'élaboration et la négociation de la structure et
    des modalités de la transaction 116

CHAPITRE 7

L'offre d'achat : son importance, son rôle et sa préparation 119
A. Le but, le rôle et l'importance de l'offre d'achat 120
B. Les parties à l'offre 123
C. L'objet de l'offre 126
D. Le prix d'achat : le montant, les modalités de paiement
   et les garanties de paiement offertes au vendeur 127
E. La structure de la transaction 129
F. La répartition du prix d'achat entre les différents
   éléments d'actif ou entre les différentes
   catégories d'actions 131
G. Les représentations et les garanties du vendeur 135
H. Les conséquences de représentations et
   de garanties inexactes 145
I. La vérification pré-clôture 148
J. La gestion de l'entreprise cible entre l'acceptation de
   l'offre et la clôture de la transaction 149
K. Les conditions préalables à la conclusion de la vente ... 150
L. La procédure de conclusion de la vente 151
M. Les engagements de non-concurrence du vendeur 152
N. Le dépôt au soutien de l'offre 153
O. Le délai et les modalités d'acceptation de l'offre 154
P. Le rejet habituel de l'offre dans sa forme initiale 155

CHAPITRE 8

La vérification et les étapes pré-clôture 157
A. Ce qui devrait se passer entre le moment de
   l'acceptation de l'offre et la clôture 158
B. La vérification pré-clôture 159
C. Que faire en cas de découverte d'un
   problème imprévu ? 161
D. Les étapes pré-clôture 165
E. Préparation de la transition 167
Conclusion 170

CHAPITRE 9

La clôture 173
A. Qu'est-ce que cette fameuse « clôture » ? 174
B. Le contrat de vente 175
C. L'affidavit de vente en bloc 178
D. La documentation corporative 180

E. Les certificats de dirigeants et les
   déclarations solennelles 180
F. Les consentements et autorisations 181
G. Les libérations et les quittances 181
H. Les contrats et ententes accessoires 182
I. Les actes accessoires au transfert 183
J. Les choix fiscaux 183
K. Le paiement et les sûretés 184
L. Les rapports et documents à produire......................... 184
M. Les avis 185
N. Les opinions juridiques.. 185
O. Le programme de clôture 186
P. L'entiercement des documents de clôture.................... 189
Conclusion 190

CHAPITRE 10

Après la clôture : la fin d'un processus ou
le début d'une aventure 193
A. Introduction 194
B. Les formalités ultérieures à la clôture 194
C. La préparation de la transition.................................... 198
D. La planification de la prise de contrôle 201
E. Le plan de transition.. 203
F. Le plan de communications internes 204
G. Le plan de communications externes 206
H. Le lendemain de la clôture : la prise de contrôle 207

CONCLUSION

CONCLUSION 209

ANNEXE I

Grille d'examen préalable à la clôture d'un achat d'actions 217

ANNEXE II

Programme de clôture d'une vente d'actions 227

Introduction

L'acquisition d'entreprises est devenue un moyen fort utilisé de se lancer en affaires ou de diversifier ou accroître les activités de son entreprise.

L'acquisition d'une entreprise peut représenter un tremplin moins dangereux pour lancer ou développer ses affaires que le démarrage d'une nouvelle entreprise. L'entreprise acquise, possédant déjà des connaissances, des ressources humaines et matérielles et, à ne pas négliger, des clients, constitue un risque plus facilement mesurable qu'un lancement d'entreprise.

Cependant, l'expérience vécue par plusieurs entrepreneurs en matière d'acquisition d'entreprises n'a pas été, jusqu'à aujourd'hui, aussi rose que la théorie aurait pu le laisser prévoir.

Rappelons les exemples suivants tirés de l'actualité des dernières années :

- L'acquisition de J. M. Saucier par Atlantique Image et Son, qui entraîna des poursuites judiciaires contre les dirigeants de J. M. Saucier et qui fut identifiée comme l'une des causes de la faillite d'Atlantique Image et Son à l'été 1990 ;

- Les acquisitions des pharmacies Cloutier et de André Lalonde Sport par Métro-Richelieu, qui les remit en vente à peine 24 mois plus tard.

Dans son volume intitulé *L'acquisition d'entreprise; dynamisme et facteurs de succès* (1990, Presses de l'Université du Québec), la professeure Léontine Rousseau, après avoir noté qu'une recherche publiée aux États-Unis en 1988 avait démontré que 70 % des acquisitions et fusions réalisées entre 1960 et 1970 s'étaient traduites par des échecs, en arrive tout de même à exprimer l'opinion que, depuis les années 1980, la situation semble s'améliorer et que, selon elle, « sur 100 transactions :

- 50 se solderaient nettement par des échecs ;

- 25 aboutiraient à des demi-échecs, ou des demi-succès, en somme à des opérations « blanches » ;

- 25 se traduiraient par des succès. »

Selon mon expérience dans le domaine de l'acquisition et de la fusion d'entreprises, ayant agi comme conseiller et négociateur autant pour des vendeurs que pour des acquéreurs, une partie très importante (que j'estime à plus de 80 %) des erreurs commises au moment de la transaction auraient pu être prévenues si les parties avaient porté une attention suffisante à l'analyse de l'entreprise cible et des conséquences prévisibles de leur projet d'acquisition.

En fait, la quasi-totalité des échecs subis en matière de fusions et d'acquisitions d'entreprises a été occasionnée par l'un ou plusieurs des facteurs suivants :

a) Une identification incomplète ou inadéquate des objectifs poursuivis par l'acquisition.

Trop souvent, on acquiert sans trop savoir pourquoi. Une volonté de grossir ou de se diversifier (sans objectif précis), un besoin d'investir des liquidités devenues trop importantes, la découverte fortuite de ce qui paraît, à première vue, une bonne occasion d'affaires, sont souvent les seuls facteurs déterminants.

L'expérience vécue dans ce domaine démontre clairement que les acquisitions qui ne s'intègrent pas dans le cadre d'objectifs bien définis par l'acquéreur ont fort peu de chances de réussir.

b) Une mauvaise évaluation de la situation de l'entreprise cible.

Si l'acquéreur a mal évalué la situation de l'entreprise qu'il vise à acheter, il paiera souvent un prix d'achat trop élevé. Dans d'autres circonstances, il sous-estimera la quantité d'efforts et d'investissements requis pour permettre à cette entreprise cible d'atteindre les objectifs qui auront justifié sa décision de l'acquérir. La hâte, en cette matière comme dans beaucoup d'autres, est bien mauvaise conseillère.

c) Une mauvaise évaluation de la capacité de l'acquéreur à bien gérer l'entreprise cible.

Une troisième erreur trop souvent commise dans le feu d'une acquisition intéressante consiste à mal évaluer la capacité de l'acquéreur à bien gérer l'entreprise cible, ou à ne pas l'évaluer.

Dans plusieurs cas, les gestionnaires de l'acquéreur sous-estiment les particularités du secteur d'activité de l'entreprise cible, sa culture, ses concurrents, et surestiment la facilité de sa gestion et leur propre capacité à la mener vers le succès.

Or, le domaine de l'acquisition d'entreprises est sans aucun doute celui qui a le plus clairement détruit le mythe longtemps entretenu voulant que, avec de bonnes connaissances générales de gestion, on puisse s'improviser du jour au lendemain gestionnaire d'une entreprise sans bien connaître son domaine d'activité, son environnement et sa culture.

D'ailleurs, plusieurs grandes entreprises de gestion, lorsqu'elles procèdent à une acquisition, annoncent clairement leur volonté de ne pas s'immiscer dans la gestion de l'entreprise cible si cette dernière remplit bien sa mission. C'est pourquoi les bureaux de ces entreprises, telles Unigesco et Power Corporation, ne sont que très rarement situés à l'intérieur de l'une des entreprises qu'elles contrôlent.

L'importance de bien évaluer la capacité de l'acquéreur de gérer l'entreprise acquise apparaît encore plus évidente lorsqu'on constate que beaucoup d'acquisitions d'entreprises s'accompagnent d'une nette augmentation du fardeau financier. Que ce soit afin d'obtenir le financement nécessaire à l'achat (par exemple lorsqu'il s'agit d'un achat adossé[1] ou avec effet de levier) ou pour apporter des changements dans l'entreprise cible, il est habituel que cette dernière s'engage dans de nouveaux emprunts qui augmentent ses dépenses d'intérêts tout en diminuant son fonds de roulement.

Dans ce contexte, la qualité de la gestion de l'entreprise cible devient un facteur primordial puisque, une fois l'acquisition faite, celle-ci devra souvent fonctionner avec des marges de manoeuvre plus étroites et accroître son rendement réel pour justifier la décision d'achat de l'acquéreur tout en s'acquittant de son nouveau fardeau financier.

Selon une nouvelle théorie de gestion mise de l'avant aux États-Unis, le seul bénéfice important de la vague de fusions et d'acquisitions de la dernière décennie se résume ainsi : des entreprises dont la gestion était quelque peu somnolente alors qu'elles possédaient un actif important et peu d'endettement, pouvant alors facilement montrer des profits même si leurs ressources n'étaient pas pleinement utilisées, ont dû se ressaisir et adopter un style de gestion beaucoup plus efficace après leur acquisition. Celle-ci leur imposait effectivement un nouveau fardeau financier très lourd et des nouveaux actionnaires (notamment des entreprises de capital de risque et des banquiers d'affaires)

---

[1] Mieux connu dans sa terminologie anglaise « leverage buy-out (L.B.O.) ». Cette technique permet d'acquérir une entreprise avec peu ou pas de mise de fonds de l'acquéreur.

fort gourmands et impatients pour ce qui est des rendements exigés des gestionnaires.

d) Une mauvaise évaluation de l'impact de l'acquisition sur l'entreprise cible.

Ce quatrième facteur d'échec est souvent lié au précédent. Il résulte d'ailleurs de la même erreur de base de la part de l'acquéreur, soit celle de ne pas se préoccuper suffisamment de ce qui ce produira une fois l'acquisition faite.

La valeur d'une entreprise en activité est généralement composée d'un certain nombre de facteurs, dont la capacité à générer des profits et une marge d'autofinancement (cash flow) sont sans aucun doute parmi les plus importants.

De façon pratique, ces facteurs sont eux-mêmes directement liés à des sous-facteurs qui les influencent directement :

- la qualité de la gestion de l'entreprise cible ;

- les ressources humaines de l'entreprise cible ;

- les clients de l'entreprise cible.

Chacun de ces sous-facteurs peut être touché considérablement au moment ou à la suite de l'acquisition sans que l'on ne puisse rien reprocher au vendeur.

En ce qui a trait aux ressources humaines au sein de l'entreprise cible, l'acquisition crée généralement un fort sentiment d'insécurité qui, à son tour, peut occasionner une paralysie temporaire de toutes les fonctions orientées vers l'avenir de l'entreprise. Ainsi, les gestionnaires de l'entreprise cible deviendront très prudents dans leurs décisions, la crainte des conséquences d'une erreur l'emportant alors sur les perspectives positives d'une bonne décision.

Dans ce contexte d'incertitude et de flottement, des employés clés peuvent décider de quitter leur emploi ou de négocier de nouvelles conditions de travail en tirant partie de la vulnérabilité initiale de l'acheteur. Certains d'entre eux (principalement ceux qui ont des contacts directs avec la clientèle) peuvent aussi tenter de profiter de l'occasion pour détourner la clientèle de l'entreprise cible à leur profit (en démarrant leur propre entreprise concurrente ou en tentant d'amener ces clients à faire affaire avec leur nouvel employeur).

D'autre part, la clientèle peut réagir défavorablement à l'acquisition, ou encore aux changements apportés par l'acquéreur à l'entreprise acquise. Par exemple, certains clients peuvent avoir déjà vécu des expériences désagréables avec l'acheteur, ou faire affaire avec l'entreprise cible à cause de sa petite dimension ou d'un contact personnel avec l'ancien propriétaire.

Sur un autre plan, des concurrents de l'entreprise cible pourront profiter de la période transitoire qui suivra l'acquisition pour mener une campagne dynamique de sollicitation auprès des employés et des clients de l'entreprise. Ainsi, dans les semaines qui ont suivi l'annonce de l'accord de fusion entre les brasseries Molson et O'Keefe, cette dernière étant elle-même une filiale d'une grande entreprise australienne, la brasserie Labatt a mené une campagne intensive de publicité qui mettait l'accent sur le fait que Labatt était devenue la plus grande brasserie entièrement canadienne.

Enfin, et souvent par manque de connaissance de l'environnement dans lequel doit oeuvrer l'entreprise acquise et de sa culture, l'acquéreur peut effectuer des changements qui auront un impact négatif important et imprévu sur son rendement. Dans leur hâte de démontrer leurs compétences, les gestionnaires de l'acquéreur commettent parfois des bévues qu'il est très difficile de corriger par la suite.

e) Une mauvaise évaluation de l'effet de l'acquisition sur l'entreprise de l'acquéreur.

L'expérience démontre qu'une acquisition n'entraîne

pas seulement des effets sur l'entreprise cible, mais aussi sur l'entreprise de l'acquéreur.

À un premier niveau, l'acquisition pourra avoir un impact financier. Tout comme pour l'entreprise acquise, l'entreprise de l'acquéreur pourra connaître une augmentation rapide de son fardeau financier, autant à cause du prix d'achat de l'entreprise acquise que des investissements requis par cette dernière.

L'acquisition peut aussi, dans plusieurs cas, avoir un impact sur la gestion de l'entreprise acquéresse (nécessité d'intégrer ensemble des gestionnaires occupant des fonctions similaires dans les deux entreprises, conflits de culture, nécessité de mettre à pied des cadres et des employés afin d'éviter un dédoublement dans certaines fonctions, intégration des systèmes et des mesures de gestion ainsi que de la main-d'oeuvre). Prenons par exemple le cas où les conditions de travail sont plus généreuses dans l'entreprise acquise que dans l'entreprise acquéresse.

Tout comme pour l'entreprise cible, l'acquisition peut avoir un impact sur la clientèle de l'entreprise acquéresse. **Imaginons la situation nouvelle dans laquelle se retrouve, vis-à-vis de ses clients établis et potentiels, le vendeur de l'entreprise acquéresse qui doit aujourd'hui promouvoir et vendre des produits de l'entreprise acquise après les avoir dénigrés pendant plus de 15 ans.**

Nous pourrions citer à ce propos l'acquisition du manufacturier automobile artisan Lamborghini par Chrysler. La clientèle Lamborghini traditionnelle a sans doute alors craint, à tort ou à raison, une diminution du cachet artisanal et exclusif de ce véhicule dont le fabricant était maintenant un grand manufacturier de voitures à prix populaires.

Tous ces facteurs servent à expliquer pourquoi j'ai décidé de rédiger cet ouvrage, à savoir que **la planification et la préparation sont les deux clés du succès de toute acquisition.** Tout ce qui est oublié dans le processus d'acquisition risque fort de revenir un jour hanter l'acquéreur.

Ce livre est basé sur l'expérience acquise sur le terrain des transactions d'achat, de vente et de fusion d'entreprises.

Vous trouverez dans cet ouvrage les règles et précautions générales à considérer sérieusement à l'égard de tout projet d'acquisition d'entreprise. Ces règles et précautions seront expliquées de façon compréhensible pour toute personne qui possède des connaissances de base du monde des affaires. Lorsque nous aborderons certains domaines plus techniques et complexes (tels que l'évaluation d'entreprises, certaines techniques juridiques ou de financement et la fiscalité), je me limiterai à vous présenter les grands principes sans entrer dans le détail de leurs règles, de leurs modalités d'application et de leurs multiples exceptions.

Le but de cet ouvrage sera atteint si, après l'avoir lu, vous êtes en mesure de mener du début à la fin une démarche d'achat cohérente et logique en reconnaissant les pièges et autres obstacles qui peuvent se trouver sur votre route. En ce sens, il s'agit aussi d'un ouvrage qui se veut avant tout pratique.

Il est par contre évident que ce livre ne fera pas de vous un spécialiste de l'acquisition d'entreprises et que je ne vous conseille donc pas, avec ou sans l'aide de ce livre, de tenter de réaliser seul et sans aide une telle acquisition. D'ailleurs le chapitre 2 porte notamment sur l'assistance dont vous aurez besoin pour mener à terme un tel projet.

Sommaire des facteurs de succès et d'échec

Facteurs de succès

- L'acquisition s'insère dans la mission et le plan d'affaires de l'acquéreur et répond bien à des objectifs précis et identifiés ;

- L'acquéreur a bien planifié son achat ;

- L'acquéreur a bien choisi l'entreprise cible et a bien évalué sa situation commerciale, juridique et financière ainsi que ses perspectives d'avenir ;

- L'acquéreur possède les connaissances et les ressources pour bien gérer l'entreprise cible ;

- L'acquéreur a bien évalué l'impact de l'acquisition autant sur sa propre entreprise que sur l'entreprise cible ;

- L'acquéreur a obtenu un financement adéquat pour les fins du paiement du prix d'achat ainsi que pour répondre aux besoins financiers de l'entreprise cible ;

- Le processus d'acquisition et d'intégration a été bien orchestré afin de prévenir les effets néfastes d'une trop longue période d'incertitude et d'insécurité.

Facteurs d'échec

- L'acquéreur n'a pas identifié les objectifs de l'acquisition ;

- L'acquisition s'intègre mal dans la mission et dans le plan d'affaires de l'acquéreur ;

- L'acquéreur a mal évalué l'entreprise cible ou sa valeur ;

- L'acquéreur a payé un prix d'achat trop élevé ;

- L'acquéreur a surestimé sa capacité de bien gérer l'entreprise cible ou sous-estimé ses besoins particuliers ou les besoins de son domaine d'activité ;

- L'acquéreur n'a pas perçu ou a mal perçu l'impact de l'acquisition ou n'a pas pris de mesures préventives adéquates.

CHAPITRE

1

Planifier son acquisition

A. Introduction 22

B. Bien définir la mission, les besoins et
les objectifs de l'acquéreur 22

C. Objectifs de l'acquéreur en regard des autres
méthodes de développement............................. 25

D. Définir les avantages recherchés et
les caractéristiques que devra posséder
l'entreprise cible.. 30

E. Choisir le meilleur moment pour acquérir 31

F. Définir la dimension minimale, maximale et
optimale de l'entreprise visée............................ 32

G. Prix d'achat et modalités de financement 34

Conclusion.. 36

A. Introduction

Nous verrons ensemble, dans le présent chapitre, les principaux exercices auxquels doit se livrer tout acquéreur éventuel soucieux de ne pas entrer dans les statistiques comme l'un de ceux dont l'acquisition s'est avérée un échec ou une « opération blanche », c'est-à-dire sans avantage ni pour l'acquéreur ni pour l'entreprise cible.

B. Bien définir la mission, les besoins et les objectifs de l'acquéreur

Les recherches menées à ce jour montrent bien que les acquisitions simplement motivées par la situation financière de l'entreprise cible (comme ses liquidités ou ses immobilisations sous-évaluées) ou par la seule volonté de l'acquéreur de diversifier son entreprise, sans véritable planification, risquent davantage de connaître l'échec que celles réalisées dans le cadre d'un programme de développement bien planifié.

Prenons, par exemple, le cas des trois grandes chaînes québécoises de marchés d'alimentation (Provigo, Métro-Richelieu et Steinberg). Manifestement elles ont cru, durant la période 1985 à 1989, que la diversification dans d'autres secteurs du commerce et de l'alimentation au détail (incluant la restauration) pouvait constituer un mode intéressant de développement de leurs affaires.

Sur cette prémisse, elles se sont lancées dans la diversification qui passait par l'acquisition d'entreprises dans ces deux domaines. Ainsi Provigo est devenue propriétaire de Sports Experts, de Distribution aux consommateurs et d'une participation importante dans les restaurants Les Prés. Métro a acquis les réseaux Pharmacies Cloutier, Pharmaprix, Carnaval, André Lalonde Sports et une participation dans les restaurants Giorgio. Ne voulant sans doute pas demeurer en reste, Steinberg s'est lancée de plein pied dans le domaine de la restauration en se portant acquéreur, coup sur coup, des chaînes de restauration Culture's, Salisbury Steak House et Croissant+Plus.

En 1989, cependant, devant un resserrement important de l'économie et une concurrence devenue féroce, et aussi après une évaluation des résultats obtenus, ces trois entreprises ont mis en vente (parfois officiellement, parfois officieusement) la totalité (ou presque) de leurs acquisitions.

Dans tous ces cas, la revente des entreprises acquises à peine quelques années auparavant n'a pas été faite dans le but de réaliser un gain important, mais plutôt parce qu'on avait réalisé la difficulté de bien gérer des entreprises dans des domaines différents, même s'ils semblaient, de prime abord, très semblables au domaine principal d'activité.

Ces exemples nous amènent à notre première constatation. Il est absolument nécessaire que l'entrepreneur qui désire se lancer dans une ou des acquisitions définisse tout d'abord son entreprise dans les termes suivants :

1. Qu'elle est la mission de l'entreprise du futur acquéreur?

Tout entrepreneur qui désire réussir se doit de bien définir la mission de son entreprise.

L'une des illustrations les plus célèbres est la déconfiture financière presque totale des grandes entreprises de chemins de fer aux États-Unis dans quelques décennies, après avoir commis la tragique erreur de définir leur mission comme étant « le transport *ferroviaire* de personnes et de marchandises » plutôt que « le service de transport ».

23

Par une définition trop étroite de leur mission, ces entreprises ont omis de percevoir les possibilités et les dangers que présentaient le développement du transport routier puis, plus tard, celui du transport aérien. Dans la même veine, elles sont demeurées aveugles aux transformations fondamentales de la société américaine lors du passage de la période où la production industrielle était reine et maître à celle où l'information est devenue la clé de voûte de toute l'économie.

Sur le plan pratique, ceci signifie que ces grandes entreprises ferroviaires ne se sont pas attardées à développer leurs activités dans ces domaines en pleine effervescence et qu'elles n'ont pas réagi à la menace majeure qu'ils constituaient pour leurs activités traditionnelles.

Selon l'expérience vécue et les études réalisées à ce jour, les chances de réussir une acquisition seront décuplées si l'entreprise acquéresse connaît bien sa mission, étant ainsi en mesure de déterminer rapidement si l'entreprise acquise peut y trouver facilement place.

2. Quels sont les objectifs et les besoins de l'acquéreur ou de son entreprise ?

Il s'agit ici de bien circonscrire les objectifs et les besoins de son entreprise.

Un projet d'acquisition ne peut être considéré comme autonome en soi. Il doit être rattaché aux objectifs et aux besoins de l'entreprise de l'acquéreur.

Or, comment peut-on répondre à des objectifs et à des besoins qui n'ont pas été adéquatement identifiés ?

3. Quelle est la culture de l'entreprise de l'acquéreur ?

Cette troisième question, dont il ne faudra pas non plus mésestimer l'impact lors d'une éventuelle acquisition, consiste à s'assurer que l'entreprise acquéresse et ses dirigeants comprennent bien la culture propre à l'entreprise cible.

À ce sujet, je suis personnellement convaincu que

l'insuccès de plusieurs transactions qui avaient, du moins sur papier, un avenir fort prometteur a été directement occasionné par un conflit de culture entre les gestionnaires et les employés (à tous les niveaux) de l'entreprise acquéresse et ceux de l'entreprise acquise.

Prenons le cas classique d'une grande entreprise dont les dirigeants, hautement scolarisés, sont habitués à diriger et à décider à l'aide de longues analyses détaillées, de rapports financiers ponctuels préparés avec précision et remis quotidiennement, de modèles financiers, de gestion et de décision très sophistiqués.

Qu'arrivera-t-il si cette entreprise se porte acquéreur d'une plus petite entreprise dont le succès a jusqu'alors été basé sur le sens de l'intrapreneurship et la rapidité de décision à tous les niveaux, dont les dirigeants ont surtout des connaissances pratiques de leur domaine d'activité et peu de connaissances des théories de gestion, et où les systèmes d'information sont tout au mieux rudimentaires ?

L'impact de ces conflits de culture est souvent très dommageable, d'autant plus qu'ils sont très difficiles à définir précisément et à corriger.

La meilleure méthode pour éviter un tel problème est sans aucun doute la prévention. C'est pourquoi un acquéreur prudent devra s'assurer de bien saisir et comprendre la dynamique et les clés de la culture de sa propre entreprise avant de se lancer dans l'aventure d'une acquisition. Ce faisant, il sera mieux outillé pour comprendre rapidement les difficultés pouvant surgir si l'entreprise visée possède une culture qui diffère largement de celle de sa propre entreprise.

C. Objectifs de l'acquéreur en regard des autres méthodes de développement

L'acquisition d'une entreprise ne doit pas être considérée comme une fin en soi mais plutôt comme un moyen d'atteindre des objectifs ou de répondre à des besoins.

Comme pour les autres moyens, une étape importante de la réflexion consistera à évaluer les avantages et inconvénients de ce moyen et à les comparer avec tous ceux qui sont offerts à l'acquéreur pour atteindre ses objectifs ou répondre à ses besoins.

Les avantages de l'acquisition comme mode de développement, d'intégration ou de diversification des activités d'une entreprise se retrouvent le plus souvent dans les catégories suivantes :

1. La rapidité du développement, compte tenu de l'intégration ou de l'ajout immédiat d'une autre entreprise déjà implantée ;

2. L'acquisition immédiate d'un savoir-faire et de ressources additionnelles rattachées à la nouvelle entreprise ;

3. L'acquisition immédiate d'équipements et d'outils nécessaires (surtout lorsqu'il s'agit d'un nouveau domaine d'activité) à un prix souvent inférieur à celui de ces équipements et outils à l'état neuf ;

4. Une certaine sécurité, puisqu'on paie pour des acquis (achalandage vérifiable par un chiffre d'affaires déjà réalisé, des équipements en place, des ressources en état de fonctionnement immédiat, et autres) qui sont quantifiables (rendement sur investissement, liquidités, résultats passés, inspections et évaluations possibles) plutôt que d'investir sur de simples hypothèses (même appuyées par des études et des recherches) comme cela serait le cas si l'acquéreur décidait de démarrer lui-même dans un nouveau champ d'activité ;

5. Une plus grande rapidité dans la réalisation d'un profit qui permet de rentabiliser son investissement ;

6. L'élimination, par son intégration, d'un concurrent actuel ou éventuel ;

7. L'obtention de nouvelles ressources humaines parfois très compétentes et dynamiques dans le développement des nouvelles activités de l'acquéreur ;

8. Une plus grande facilité d'obtenir le financement approprié pour une acquisition que pour le démarrage d'une nouvelle entreprise ou pour des dépenses importantes d'expansion.

Avantages et inconvénients de l'acquisition comme mode de développement

Les avantages

- Mode de développement rapide ;

- Moyen de faire l'acquisition immédiate de ressources nouvelles ;

- Moyen d'obtenir rapidement les équipements et outils utiles pour le développement ;

- Occasion de procéder à un examen plus factuel des chances de succès du développement ;

- Possibilité de financer plus facilement et de rentabiliser plus rapidement son investissement dans le développement ;

- Possibilité d'éliminer un concurrent actuel ou éventuel.

Les inconvénients

- Difficulté de prévoir l'impact qu'aura l'acquisition sur l'entreprise acquise ainsi que sur celle de l'acquéreur ;

- Obligation fréquente de l'acquéreur de vivre avec les choix et les erreurs passées de l'entreprise acquise ;

- Le processus d'acquisition, de prise de contrôle et d'intégration de l'entreprise acquise demande énormément de temps, d'efforts et d'investissements ;

- Même si le processus d'acquisition est bien suivi, les mauvaises surprises sont toujours une possibilité que l'acquéreur ne doit jamais sous-estimer.

Par ailleurs, ce mode de développement n'est pas sans présenter certains inconvénients, dont voici les principaux :

1. La difficulté de prévoir l'avenir de l'entreprise visée, surtout en tenant compte de l'impact que peut avoir l'acquisition sur son développement ;

2. L'obligation de vivre avec le passé de l'entreprise acquise (sa réputation, ses erreurs, son choix de ressources, etc.) auquel l'acquéreur, même avec toutes les précautions juridiques disponibles, ne pourra jamais se soustraire entièrement ;

3. L'énergie qui devra être déployée pour bien évaluer des entreprises apparemment intéressantes mais qui, après recherche, ne s'avèrent pas appropriées, ou encore dont le projet d'achat doit être abandonné faute de pouvoir s'entendre avec le vendeur sur les modalités de la vente ;

4. L'importante quantité de temps, d'énergie et de frais (notamment d'honoraires professionnels) qui devra être investie dans la recherche d'entreprises intéressantes, dans leur évaluation, dans l'élaboration de scénarios d'acquisition et de financement du projet, dans la détermination d'un prix d'achat et de modalités de paiement, dans la négociation avec le vendeur éventuel et ses conseillers, dans la négociation avec les sources de financement, dans les vérifications juridiques, financières, comptables et opérationnelles requises pour la transaction, dans l'obtention de tous les consentements, autorisations et permis requis, dans la préparation des documents attestant la transaction, dans la préparation puis dans l'exécution de plans de communications, de relations publiques et de publicité visant les employés, les clients, les fournisseurs et autres

personnes ressources et le public en général, dans l'élaboration de plans d'intégration, de coordination et de prise de contrôle de la gestion de l'entreprise acquise, et ainsi de suite.

Cette liste n'est qu'un pâle reflet de la quantité de travail requise (souvent en un court laps de temps) pour réaliser une acquisition. Non seulement cette importante quantité de travail pose un lourd fardeau sur l'entreprise acquéresse et sur ses dirigeants, mais elle peut aussi, du moins temporairement, détourner leur attention de la gestion de leur entreprise et de questions qui nécessitent leur implication. Il n'est pas certain que l'investissement en temps des dirigeants de l'acquéreur dans le processus d'acquisition soit toujours des plus profitables.

5. Les surprises. Malgré une sophistication de plus en plus grande du processus de vérification de l'entreprise acquise, les surprises ne sont pas encore disparues du domaine.

En fait, je crois que tout acquéreur compétent doit planifier ses acquisitions en se laissant certaines marges de manoeuvre et certains coussins lui permettant de faire face à de telles surprises qui, en théorie, ne devraient pas exister.

Les acquisitions de J. M. Saucier par Atlantique Image et Son et des Pharmacies Cloutier par Métro-Richelieu inc. ont entraîné dans leur sillage des poursuites judiciaires contre les vendeurs sur la base d'allégations de représentations inexactes et d'exercices de comptabilité un peu trop créatifs aux yeux de l'acheteur. Les dirigeants d'Atlantique Image et Son ont de plus identifié l'acquisition de J. M. Saucier comme l'un des facteurs ayant conduit Atlantique Image et Son vers la faillite.

Au delà des avantages et des inconvénients inhérents à l'acquisition d'entreprises, l'acquéreur devrait attacher plus d'importance aux bénéfices particuliers qu'il entend retirer d'une telle transaction.

L'acquéreur devrait vérifier si l'acquisition est bien le meilleur moyen d'en arriver à ses fins. Pour ce faire, il doit tout d'abord avoir en main les éléments concernant son entreprise mentionnés précédemment (sa mission, ses besoins, ses objectifs et les éléments forts de sa culture). Ensuite, il doit dresser une liste des autres moyens ou outils à sa disposition pour rencontrer les besoins et les objectifs de son entreprise, tout en tenant suffisamment compte de sa mission et de sa culture.

Ce dernier exercice devrait être fait de façon ouverte et ne pas être critique, en ce sens qu'aucune possibilité ne devrait être écartée trop hâtivement.

D. Définir les avantages recherchés et les caractéristiques que devra posséder l'entreprise cible

Une fois l'acquisition d'une entreprise choisie comme la meilleure solution aux objectifs et aux besoins de l'acquéreur, il sera nécessaire de bien définir les avantages recherchés par cette acquisition, puis d'établir les principaux critères nécessaires à l'entreprise cible pour que l'acquéreur obtienne ces avantages.

Ces avantages pourront être qualitatifs (expertise, qualité des produits et services, technologie, compétence des ressources, réputation dans le marché, et autres) ou quantitatifs (notamment chiffre d'affaires, niveau de profits, croissance, actif, passif).

Ils pourront aussi porter sur le domaine d'activité de l'entreprise cible (surtout si les objectifs de l'acquéreur consistent en un effort d'intégration ou de diversification planifiée), ou sur le nombre ou la qualité de ses clients, sur son marché, sur la quantité et la qualité de ses points de distribution et de vente (par exemple, si l'un des objectifs de l'acquéreur est d'accroître la distribution de ses produits ou services), sur la qualité des ressources matérielles, sur des ententes profitables, sur le potentiel du domaine d'activité ou de l'entreprise elle-même.

Ensuite, mais non de moindre importance, on retrouvera les avantages financiers.

En tenant compte des objectifs poursuivis, des avantages qu'il recherche et de ses moyens financiers, l'acquéreur devra définir, avec le plus de précision possible, les avantages recherchés ainsi que les critères requis d'une entreprise cible pour les lui procurer.

Cette liste d'avantages et de critères constituera, après que l'acquéreur y aura ajouté les autres éléments que nous verrons ci-après, une grille d'évaluation qui sera l'un des outils de base de tout le processus de sélection et d'évaluation des entreprises cibles qui s'offriront à l'acquéreur par la suite.

E. Choisir le meilleur moment pour acquérir

Le choix du moment où l'acquéreur entreprendra la recherche ouverte d'une entreprise cible et la négociation d'une transaction d'achat peut avoir un impact considérable sur :

a) la facilité à dénicher une entreprise intéressante dont les propriétaires sont prêts à discuter de la possibilité d'une transaction de vente ;

b) la capacité de financer l'achat à de bonnes conditions ;

c) et surtout, le montant de la transaction finale.

C'est ici que l'on peut retracer une bonne partie du succès de ceux qui réussissent leurs acquisitions. Ils savent tirer avantage de la situation et évaluer un projet d'acquisition dans une perspective à moyen et à long terme, alors que la plupart des autres joueurs préfèrent s'abstenir à cause du contexte immédiat.

Pour la plupart des acquéreurs expérimentés (il existe évidemment quelques exceptions), cette capacité à bien choisir le moment pour acquérir n'est ni innée ni purement intuitive.

Elle résulte plutôt d'un effort de planification. De cette façon, ils ne se lancent pas, dès que la décision d'acquérir est prise, dans un processus ouvert de recherche d'une entreprise cible, mais ils évaluent plutôt le contexte économique général et celui du domaine d'activité dans lequel oeuvre de près cette entreprise pour bien déterminer le moment le plus propice au déploiement de leurs efforts publics de recherche et de sélection.

Ceci ne signifie pas, par ailleurs, que ces acquéreurs expérimentés ne commencent pas leur travail préparatoire dès que la décision d'acquérir à été prise.

En réalité le fait de différer le moment où ils entreprendront le processus public de recherche et de sélection d'une entreprise cible est une décision qui fait partie d'un processus enclenché dès lors. Entre-temps, ils profiteront de la période qui les séparent de ce moment pour se livrer à une analyse du domaine d'activité visé, des entreprises qui y oeuvrent, de leurs forces, de leurs faiblesses, de leurs perspectives, des facteurs particuliers qui pourraient inciter leurs dirigeants à accepter de les vendre.

De cette façon, non seulement ils manifesteront leur intérêt à acquérir au moment le plus propice pour eux, mais ils posséderont alors des renseignements leur permettant de procéder beaucoup plus rapidement et avec un minimum d'erreurs au processus d'achat. La quantité importante de renseignements acquis au préalable facilitera considérablement leur tâche de choisir et d'évaluer plusieurs entreprises cibles intéressantes.

F. Définir la dimension minimale, maximale et optimale de l'entreprise visée

Un autre paramètre important, qu'il conviendra de bien déterminer à l'avance, est celui relatif à la taille de l'entreprise convoitée.

Celle-ci peut être définie de plusieurs façons (chiffre d'affaires, profits bruts, profits nets, actif, immobilisations, passif, avoir net, nombre, localisation ou importance des places d'affaires, marchés couverts, nombre d'employés, masse salariale, nature et importance des engagements financiers, ou autres).

Cette recherche de critères permettant de définir la taille minimale et optimale de l'entreprise visée doit s'appuyer sur plusieurs facteurs importants pour la réussite du projet d'acquisition.

1. La mise de fonds que l'acquéreur désire investir dans l'acquisition ;

2. Les moyens financiers de l'acquéreur et sa capacité d'emprunt sur la base de ses propres éléments d'actif et de ses liquidités. L'acquéreur ne devra pas oublier, dans l'évaluation de ses ressources financières disponibles, les besoins financiers de sa propre entreprise ainsi que les coûts du processus d'acquisition et de prise de contrôle de l'entreprise cible ;

3. La disponibilité des ressources humaines adéquates, autant pour mener à bien tout le processus entourant l'acquisition projetée (à partir de la recherche initiale d'une entreprise intéressante jusqu'à la conclusion de la transaction et à la mise en place du financement requis) que pour assurer la prise de contrôle initiale de l'entreprise qui sera acquise, sans pour autant compromettre la saine gestion de sa propre entreprise.

Il y a évidemment eu de ces exemples où, à défaut de pouvoir devenir aussi grosse que lui, la grenouille a avalé le boeuf. Nous pouvons classer dans cette catégorie l'acquisition de Téléglobe Canada par le groupe Mémotec, celle de Steinberg par le groupe Sofati\Soconav dirigé par Michel

Gaucher et, quelques années auparavant, la prise de contrôle de Provigo par la compagnie de porte-feuille Unigesco dirigée par Bertin Nadeau.

Ces transactions sont cependant extrêmement complexes et dangereuses, et elles constituent des exceptions réservées à ceux qui sont prêts à prendre des risques extrêmes. Aussi intéressantes et spectaculaires qu'elles soient, et profitables pour ceux qui les concluent, elles ne sont cependant pas représentatives de ce qui constitue le plus souvent une transaction d'acquisition.

Les déboires du financier Robert Campeau illustrent d'ailleurs très bien le risque incroyable couru par ceux qui s'impliquent dans de telles transactions, lesquelles remettent en cause, dans une seule acquisition, ce que l'entrepreneur a mis des décennies à construire.

Il m'apparaît cependant préférable que tous ceux qui ne possèdent pas les ressources, l'expérience ou un goût du risque suffisamment élevé pour devenir des professionnels de l'acquisition, limitent leur appétit à des entreprises qui n'épuiseront pas de façon dangereuse leurs ressources humaines et financières, et qui leur laisseront des marges de manoeuvre suffisantes pour faire face aux imprévus et aux surprises pouvant découler de l'acquisition.

G. Prix d'achat et modalités de financement

Au moment où l'acheteur détermine les paramètres relatifs à la dimension de l'entreprise qu'il vise à acquérir, il doit s'interroger sur ses ressources financières afin de choisir une entreprise qu'il peut se permettre d'acquérir. Cet examen est le moment privilégié pour entreprendre la planification des principales conditions du financement requis pour les fins de cette acquisition.

Il s'agit donc là d'un moment tout à fait propice pour établir un premier scénario de financement. Évidemment, l'entreprise cible n'étant pas encore connue, il n'est pas question du scénario final mais plutôt d'une première ébauche permettant à l'acheteur de mieux visualiser l'impact de l'acquisition sur sa situation financière.

Ce premier scénario de financement devrait inclure les principales conditions et modalités du financement souhaité pour une transaction éventuelle, dont :

1. le montant de la mise de fonds qui sera faite directement à partir des disponibilités de fonds de l'acquéreur ;

2. le montant du financement requis ainsi que l'utilisation qui en sera faite ;

3. les principales modalités de remboursement du financement (nature et durée du prêt, durée de la période d'amortissement, échéancier de remboursement, ouvertures de crédit, crédits additionnels convenus avec le financier même si leur utilisation n'est pas certaine, etc.) ;

4. les coûts d'obtention et de maintien du financement (coûts initiaux, taux d'intérêt, pénalités pour remboursement anticipé et autres frais inhérents à ce financement) ;

5. les garanties et sûretés qui seront offertes à l'institution financière et aux autres prêteurs impliqués dans ce financement ;

6. les autres conditions qui pourront être rattachées à ce financement (restrictions à la répartition des profits, restrictions à l'égard de certaines décisions, maintien obligatoire de certains ratios ou tests financiers, etc.).

Certaines entreprises font d'ailleurs un pas de plus à ce moment de leur planification en commençant et, dans certains cas, en réalisant même la négociation de ce programme de financement dès cette étape-ci, malgré que l'entreprise cible n'ait pas encore été identifiée.

Conclusion

En conclusion de ce premier chapitre, je ne puis que souligner de nouveau l'importance de bien préparer et planifier le processus d'acquisition. Un vieil adage nous dit que si l'on ne sait pas où l'on veut aller, il est très probable qu'on se retrouvera ailleurs. Cet adage illustre très bien le danger de tenter de conclure une acquisition sans s'être attardé quelque peu aux différents éléments de planification mentionnés plus haut.

Même dans le contexte où une possibilité d'acquisition intéressante surgit à l'improviste, il est quand même prudent, pour l'acquéreur, de se livrer aux différents efforts de réflexion décrits dans ce chapitre. Le fait que l'entreprise cible soit connue dès le départ ne diminue pas l'utilité de cet exercice, mais cela peut le rendre plus rapide en permettant aux personnes concernées de mieux saisir l'impact de l'acquisition.

On ne doit pas considérer ce dernier comme une indication que le processus de planification peut être accompli après l'identification d'une entreprise cible. Le fait qu'une occasion d'acquisition s'offre sans l'avoir sollicitée ne signifie pas que l'on doive se lancer dans l'aventure sans réflexion préalable.

Les principales étapes de la planification d'une acquisition

1. Définir et bien saisir la mission, les objectifs, les besoins et la culture de l'acquéreur et de son entreprise ;

2. Identifier les différents moyens dont dispose l'acquéreur pour atteindre ses objectifs et rencontrer ses besoins, considérer leurs avantages et leurs inconvénients respectifs et vérifier si l'acquisition est le moyen le plus approprié ;

3. Établir avec précision les avantages recherchés par une acquisition ;

4. Circonscrire avec précision les critères que devra rencontrer une entreprise pour être acceptable comme cible de l'acquisition ;

5. Choisir le meilleur moment pour lancer le processus public de recherche d'une entreprise cible ;

6. Préparer un premier scénario de financement et, si possible, en discuter avec ses sources de financement.

CHAPITRE

2

Savoir bien s'entourer pour mieux réussir son acquisition

A. Introduction 40

B. Les conseillers requis par l'acquéreur 40

Conclusion 48

A. Introduction

La première étape de notre travail de préparation est la sélection des personnes qui vous aideront à réaliser avec succès l'acquisition.

Si l'acquéreur est une entreprise possédant déjà des gestionnaires compétents, il constituera ici une équipe qui comprendra des personnes en autorité au sein de son entreprise, des personnes compétentes au niveau des aspects financiers et opérationnels du fonctionnement de l'entreprise acquéresse, ainsi que des personnes qualifiées et expérimentées en matière d'acquisition d'entreprises.

Certaines d'entre elles proviendront de l'entreprise de l'acquéreur alors que les autres seront recrutées à l'extérieur en raison de leur compétence et de leur expérience pertinente.

Par ailleurs, si l'acquéreur ne possède pas des ressources internes importantes ou s'il s'agit d'un entrepreneur seul, il devra alors s'entourer de conseillers compétents qui sauront le guider dans sa démarche.

B. Les conseillers requis par l'acquéreur

Quel est le rôle des différents professionnels et conseillers en matière d'acquisition d'entreprises ? À quel moment leurs services devraient-ils être retenus ? De quels professionnels l'acquéreur a-t-il vraiment besoin ?

Pour ma part, je diviserais les professionnels et les consultants en trois groupes, le premier constitué des professionnels dont les services sont essentiels à la presque totalité des transactions d'acquisition, le deuxième formé des professionnels et consultants devant jouer un rôle supplétif lorsque l'importance de la transaction ou une carence dans les compétences de l'acquéreur et de ses autres conseillers rend nécessaire leur intervention et, enfin, le troisième composé de professionnels qui peuvent intervenir de façon ponctuelle à l'égard de certains aspects particuliers d'une transaction.

Voyons maintenant de qui sont composés chacun de ces trois groupes.

Dans le premier groupe (les professionnels essentiels à toute transaction d'acquisition), nous plaçons :

1. L'avocat qualifié et expérimenté en matière d'acquisition.

Quelle que soit votre opinion des avocats (la mienne, puisque j'en suis un, est probablement meilleure que la vôtre), leur implication dans le processus d'acquisition est inévitable. Il est important de comprendre qu'une acquisition, quelle que soit la forme qu'on lui donne, est avant tout un contrat (ou plutôt un ensemble de contrats) souvent complexe et un processus qui peut entraîner dans son sillage plusieurs implications juridiques importantes, dont certaines peuvent n'être perçues que trop tard par un oeil non aguerri.

Prenons un exemple. Une forte majorité de nos entreprises sont liées à des baux commerciaux ou à des accords de financement. Or, bon nombre de ces contrats contiennent des clauses empêchant, restreignant ou assujettissant toute transaction de changement de contrôle à des consentements ou à des formalités. L'un des modèles de ce type de clause, que l'on retrouve dans certains baux commerciaux, prévoit que le locateur peut, à son choix, mettre fin au bail lorsque son consentement est demandé, et ce, même si la vente n'a pas encore été faite.

L'impact d'un oubli à ce chapitre pourra avoir des effets catastrophiques pour le vendeur ou l'acquéreur. Et il ne s'agit pas là de simples problèmes théoriques.

La Société des alcools du Québec, au moment où elle envisageait, il y a quelques années maintenant, la vente d'un certain nombre de ses succursales à des franchisés, a effectivement perdu son bail à la Place Versailles après avoir simplement fait parvenir une lettre circulaire aux bailleurs des succursales dont elle entendait disposer - dont la succursale de la Place Versailles - les avisant de son intention et sollicitant, de façon préliminaire et sans que l'identité de l'éventuel acheteur ni le moment de la vente ne soit alors connus, leur consentement au principe d'une telle vente. Se servant pour ce faire d'une clause du bail, le bailleur a aussitôt répondu à cette lettre en résiliant le bail. Devant la clarté de la disposition convenue entre les parties, la Cour supérieure n'a pu faire autrement que de constater qu'effectivement le locateur avait le droit d'exercer cette option. La Société des Alcools s'est donc retrouvée sans bail ni franchisé.

Mais attention ! Selon moi, l'avocat auquel un acquéreur prudent devrait recourir n'est pas n'importe quel avocat. Il doit s'agir d'un avocat expérimenté en transactions commerciales et, tout particulièrement, en acquisitions et ventes d'entreprises.

En fait, l'apport de l'avocat de l'acquéreur au projet d'acquisition n'est pas lié principalement à ses connaissances purement juridiques au sens large, mais beaucoup plus à son expérience et à ses qualifications dans ce domaine précis qui lui permettront de déceler les pièges, de soulever plusieurs points importants (surtout dans le cours des négociations), de bien structurer et négocier l'achat et de rédiger des documents qui prémuniront adéquatement l'acheteur contre les surprises désagréables majeures.

2. L'expert-comptable.

L'acquéreur, sauf s'il possède lui-même des connaissances étendues de la science comptable et de ses ramifications, devra avoir recours aux services d'un expert-comptable compétent pour le conseiller adéquatement sur tous les aspects financiers de l'acquisition, à partir de l'évaluation des données comptables et financières obtenues concernant l'entreprise cible jusqu'à la détermination du prix d'achat, de ses modalités de paiement et de ses conditions de financement.

L'expérience de cet expert-comptable en matière d'acquisitions d'entreprises sera aussi importante, quoique de moins grande portée, que celle de l'avocat dont le manque d'expérience anéantira presque entièrement la valeur réelle de son apport.

Par contre, un expert-comptable qui possède de l'expérience et des connaissances dans le secteur d'activité dans lequel oeuvre l'entreprise cible pourra aussi constituer un atout additionnel important pour l'acquéreur. Un tel expert-comptable sera en mesure de comprendre, d'évaluer et de critiquer les données comptables et financières obtenues sur l'entreprise cible et de déceler les problèmes qui peuvent transparaître de ces données, lesquels ne sont pas toujours apparents pour une personne qui n'a aucune connaissance de ce secteur d'activité.

3. Le fiscaliste.

La présence d'un fiscaliste m'apparaît primordiale dans la presque totalité des cas, que ce soit pour l'évaluation de la situation fiscale de l'acquéreur, du vendeur et de l'entreprise cible, le choix à faire par l'acquéreur entre acquérir des actions ou des éléments d'actif, la détermination du prix d'achat, de sa composition, de sa répartition entre les différents biens achetés, le mode de paiement et de financement, et encore plus, au chapitre de la façon dont sera structuré l'achat.

Encore plus, la valeur ajoutée par l'apport d'un fiscaliste compétent est non seulement importante, mais souvent aisément quantifiable. Par une structure d'achat bien planifiée qui tient compte des différents enjeux fiscaux en cause, le fiscaliste pourra par exemple permettre au vendeur de toucher, après impôts, une proportion plus importante du prix d'achat (ce qui peut alors justifier une offre d'achat à un prix moindre puisque, après impôts, le solde net de ce prix touché par le vendeur pourra être plus élevé) ou éviter à l'acheteur d'avoir à acquitter un montant substantiel en taxes de vente et en droits de mutation.

Ce premier groupe de professionnels devrait être intéressé dans le projet d'acquisition le plus tôt possible, afin d'être en mesure de bien comprendre le but visé par l'acquéreur ainsi que les différentes données de la planification que nous avons vues au chapitre précédent.

Dans le deuxième groupe (formé des professionnels et consultants devant jouer un rôle supplétif lorsque l'importance de la transaction ou une carence au niveau de l'acheteur ou de ses conseillers de base rend nécessaire leur intervention), nous retrouvons :

4. Le consultant en fusions et acquisitions.

Le rôle du consultant en fusions et en acquisitions apparaît plus évident lorsqu'il agit pour le compte du vendeur.

Une partie importante de son travail consiste effectivement à faire corriger certaines lacunes dans l'organisation de l'entreprise cible et à voir à ce que cette dernière soit présentée sous son jour le plus favorable au plus grand nombre possible d'acheteurs potentiels.

Dans le cas où l'acheteur croit déceler certaines lacunes au niveau de ses ressources internes ou, encore, chez ses conseillers, l'ajout d'un consultant spécialisé en fusions et acquisitions lui permettra de consolider cette équipe. Surtout lorsque la transaction semble se révéler complexe ou lorsque l'acquéreur tente de réussir l'acquisition d'une entreprise qu'il sait être l'objet de convoitise de la part de plusieurs acquéreurs potentiels, le rôle joué par le consultant en fusions et acquisitions justifiera souvent ses honoraires.

Par ailleurs, le recours aux services d'un consultant en fusions et acquisitions ne diminuera en rien l'importance de faire affaire avec un avocat spécialisé en cette matière ni l'apport de l'expert-comptable au projet.

5. L'évaluateur.

Selon l'importance et la nature de la transaction ainsi que les connaissances plus ou moins grandes de l'acheteur du domaine d'activité dans lequel oeuvre l'entreprise cible, il peut être nécessaire ou fortement recommandable de faire appel à des évaluateurs.

Le ou les évaluateurs dont les services peuvent devenir nécessaires pour l'acheteur se retrouvent le plus souvent dans l'une ou l'autre des catégories suivantes :

a) L'évaluateur d'entreprises.

La première catégorie d'évaluateurs comprend ceux spécialisés dans l'évaluation d'entreprises.

Leur profession consiste principalement à évaluer la valeur globale d'une entreprise en tenant compte de son actif, de son passif, de ses revenus, dépenses et profits, de son historique, de l'évolution passée et prévisible de son secteur d'activité, de sa place dans le marché, de son potentiel et des fonds qu'elle peut générer.

Dans le contexte d'un projet d'achat, comme c'était le cas pour le consultant en fusions et acquisitions, le rôle de l'évaluateur d'entreprises est plus manifeste du côté du vendeur qui, avant de s'engager dans des discussions avec des acheteurs intéressés à son entreprise, peut vouloir en obtenir une évaluation objective.

Par contre, l'acquéreur peut juger utile de recourir à un évaluateur s'il ne se sent pas suffisamment à l'aise pour fixer le montant d'une première offre ou s'il s'attend à devoir justifier le prix d'achat à d'autres personnes, tels des partenaires ou des financiers.

b) L'évaluateur d'immeubles.

Une deuxième catégorie d'évaluateurs dont les services peuvent être requis par un acquéreur potentiel est celle formée des évaluateurs d'immeubles.

Leurs services ne seront évidemment retenus que lorsque des immeubles constituent un aspect important de l'actif de l'entreprise cible. Leur expertise peut être requise par les institutions financières qui participeront au financement de l'acquisition.

Le résultat de leur travail peut également servir à justifier la répartition du prix d'achat entre les différents éléments d'actif acquis ou la ré-évaluation des immeubles dans le bilan de l'entreprise acquise pour en améliorer la présentation.

c) L'évaluateur d'éléments d'actif corporels (équipements, matériel roulant, etc.).

Selon le type de transaction et l'importance accordée à certaines catégories d'actif ou à cause de la nécessité de démontrer la valeur réelle de certains éléments d'actif pour des fins de réévaluation dans les états financiers ou de financement, certaines transactions pourront aussi nécessiter le recours à des évaluateurs spécialisés dans les catégories d'actif qui doivent ainsi être évaluées.

6. Un expert.

Selon la nature et l'importance des différents biens immobiliers (terrains et bâtisses) et mobiliers (équipements, matériel roulant, stocks, mobilier) de l'entreprise cible, il peut être fort prudent pour un acquéreur de faire examiner ces biens attentivement par un expert qui pourra lui faire part de ses constatations sur leur condition physique, leur besoin d'entretien, leur longévité prévisible et leur coût de réparation ou de remplacement au besoin.

Cette information pourra s'avérer importante et très pertinente dans la détermination du prix que l'acheteur sera disposé à payer et pour établir le budget des frais rattachés à l'acquisition, ainsi qu'un outil fort utile dans les négociations avec le vendeur.

J'ai déjà participé à des négociations d'achat où le vendeur n'avait pas encore pris la décision définitive de vendre son entreprise ou commençait à considérer sérieusement la possibilité d'attendre quelque peu avant de conclure une transaction. Dans un tel contexte, un rapport d'expertise démontrant qu'un immeuble ou une pièce d'équipement importante nécessite à court terme des travaux de réparation majeurs peut devenir, entre les mains de l'acheteur, une arme de prédilection qui lui permettra de conclure une transaction là où il aurait sans doute autrement échoué.

Dans le troisième groupe, composé de professionnels qui peuvent intervenir à l'égard de certains aspects particuliers d'une transaction, je fais entrer les professionnels et consultants suivants :

7. Les avocats spécialisés en matière de valeurs mobilières lorsque l'une des parties concernées (acquéreur ou entreprise cible) est une entreprise publique ;

8. Les avocats ou notaires spécialisés en matière immobilière lorsque le portefeuille immobilier de l'entreprise cible est un élément important de la transaction (qu'il s'agisse d'immeubles qui sont la propriété de l'entreprise cible ou dont celle-ci est locataire) ;

9. Les avocats spécialisés en matière de financement lorsque cet aspect est important au succès de la transaction ;

10. Les avocats spécialisés en matière de droit de la concurrence lorsqu'il s'agit de transactions majeures ou de transactions qui peuvent permettre à l'acquéreur d'acquérir ou de consolider une position dominante dans son marché ;

11. Les avocats spécialisés en matière d'insolvabilité lorsque le vendeur ou l'entreprise cible connaît des difficultés financières ;

12. Les avocats et autres experts en matière environnementale lorsque les éléments d'actif

ou les activités de l'entreprise cible sont susceptibles d'avoir un impact sur l'environnement ou d'être la cause de contamination par des déchets ou des polluants ;

13. Les avocats et autres spécialistes en droit du travail lorsqu'on retrouve des conventions collectives et autres ententes de travail susceptibles de lier l'acquéreur ou d'avoir un impact sur la transaction proposée ;

14. Les juristes spécialisés en matière de propriété intellectuelle lorsque des éléments d'actif de cette nature (tels des brevets, des marques de commerce, des oeuvres bénéficiant de droit d'auteur, un savoir-faire particulier, des secrets de commerce ou de fabrication, des nouvelles technologies développées ou en voie de développement, et autres) sont des composantes importantes de la transaction.

Nous pourrions encore prolonger cette liste d'experts et de spécialistes qui peuvent devoir, de façon ponctuelle et pour des fins particulières, être intéressés dans une transaction d'achat. Cependant le but de les mentionner n'est pas ici d'en dresser une liste exhaustive mais plutôt de faire réaliser que certaines transactions rendent nécessaire ou très utile le recours à de tels experts.

D'ailleurs, l'un des rôles que devra jouer l'avocat spécialisé en matière de fusions et d'acquisitions, dans le cadre du processus d'acquisition, sera justement de prévenir et de sensibiliser l'acquéreur lorsque le recours à de tels experts deviendra souhaitable, puis de les recruter et de superviser leurs travaux au besoin.

Conclusion

En conclusion à ce chapitre portant sur les conseillers de l'acquéreur, je désire souligner de nouveau un certain nombre de points qu'il m'apparaît important que tout acquéreur connaisse bien :

- Les conseillers que l'acheteur retiendra ne doivent pas seulement être compétents, mais aussi être très disponibles tout au long du processus afin que celui-ci soit mené à la fois avec soin et avec diligence. Les meilleures acquisitions sont souvent les plus rapides, à la condition toutefois que cette rapidité ne soit pas au détriment de la qualité ;

- L'acquéreur lui-même ou, lorsqu'il s'agit d'une entreprise, le principal dirigeant de l'acquéreur, même s'il n'est pas actif régulièrement dans toutes les démarches relatives à l'acquisition, doit être disponible rapidement en cas de besoin. Il est presque inévitable qu'il aura à intervenir dans le processus à au moins une occasion. Et même si ces interventions ne sont pas fréquentes, elles peuvent être essentielles à la réussite de la transaction ;

- L'avocat dont les services seront retenus pour mener à terme le projet d'acquisition jouera un rôle clé à l'égard de plusieurs aspects très importants du processus. La qualité du résultat dépendra souvent en grande partie de sa compétence et de son expérience. L'acquéreur devra donc le choisir avec grand soin ;

- Tous les conseillers dont les services auront été retenus par l'acquéreur devront, dès le début de leur implication dans le projet, se familiariser avec les buts, les objectifs et les besoins auxquels l'acquisition doit répondre, ainsi qu'avec toutes les données et décisions de l'acquéreur mentionnées au chapitre 1. D'ailleurs, il est souvent profitable que ces conseillers participent au travail de planification de l'acquéreur ;

- Le mandat de tous les conseillers dont les services seront retenus pour les fins de l'acquisition devra aussi être établi avec soin, de façon à éviter des duplications de travail ou des oublis.

Un point à ne jamais oublier ni sous-estimer : l'importance et l'omniprésence de la fiscalité.

CHAPITRE

3

La recherche de l'entreprise cible idéale

A. Introduction 52

B. La préparation d'une grille d'évaluation 52

C. Les méthodes et les outils de recherche 57

D. L'obtention de renseignements particuliers et
la pré-évaluation 62

E. Comment entrer en contact avec les
propriétaires d'une entreprise cible 64

Conclusion 70

A. Introduction

Une fois l'équipe d'acquisition bien en place et familiarisée avec les buts poursuivis par l'acquéreur, le premier travail consistera à entreprendre la recherche d'une ou de plusieurs entreprises pouvant répondre aux critères de l'acheteur.

À cette fin, l'acquéreur se dotera d'un outil essentiel à cette première phase de son travail, soit *une grille d'évaluation* lui permettant d'avoir toujours bien en main les objectifs de l'acquisition et d'évaluer rapidement et efficacement une entreprise disponible à une acquisition. Nous verrons ci-après la façon de créer un tel outil pour qu'il soit à la fois complet et pratique.

Dès que la grille d'évaluation aura été complétée, notre acquéreur partira à la chasse aux entreprises. Malgré son apparente simplicité, cette tâche est sans doute l'une des plus ardues de tout le processus d'acquisition. Les méthodes pour la mener à terme sont très variées et dépendent largement du domaine d'activité visé et des connaissances déjà acquises sur les entreprises qui y oeuvrent. Nous verrons dans ce chapitre un certain nombre de moyens de dénicher des entreprises cibles intéressantes.

En troisième lieu, nous verrons ci-après certains principes concernant l'approche initiale d'une entreprise cible intéressante. Cette phase est cruciale puisqu'il faut alors éviter de se commettre trop rapidement (l'évaluation n'étant souvent pas encore terminée à ce moment) tout en étant suffisamment convaincant pour intéresser les vendeurs à discuter plus avant et à divulguer les renseignements essentiels à l'achèvement de l'évaluation, dont certains peuvent être confidentiels.

B. La préparation d'une grille d'évaluation

L'idée même de recherche de l'entreprise cible idéale présuppose que l'acquéreur connaît les éléments qui pourront qualifier ou disqualifier une entreprise.

L'acquéreur a déjà établi, comme nous l'avons vu au chapitre 1, les principaux critères relatifs à l'entreprise qu'il désire acquérir. Il s'agira, à cette étape-ci, de compléter la liste des critères et de les rendre utilisables dans le contexte du travail de recherche et de sélection d'une entreprise à acquérir.

À cette fin, il faudra intégrer les différents éléments de la planification initiale dans une grille qui servira à évaluer rapidement s'il y a intérêt à entreprendre et à poursuivre des discussions avec une entreprise identifiée.

Cette grille contiendra tous les critères pouvant servir à la sélection et à l'évaluation d'une entreprise cible, et les divisera en deux grandes catégories, soit les *critères péremptoires* (qui devront être obligatoirement rencontrés) et les *critères souhaités*. De plus, chaque critère souhaité se verra attribuer une échelle d'évaluation de façon à faciliter la comparaison de deux projets où les critères souhaités ne sont pas rencontrés de la même façon et au même degré.

L'établissement des critères obligatoires est plus simple, mais il se doit d'être complet. Il s'agit d'établir la liste exhaustive des facteurs pouvant disqualifier (et non pas qualifier) une entreprise au titre de cible intéressante pour le projet d'acquisition.

Tous les critères énoncés dans la liste de critères obligatoires devront être rencontrés, à défaut de quoi le projet étudié sera immédiatement abandonné. Ce sont des critères majeurs non susceptibles de compromis ni de substitution. Il peut s'agir de critères relatifs au domaine d'activité, à la localisation géographique, aux marchés, à la dimension minimale et maximale (selon les mesures de cette dimension qui seront considérées pertinentes), aux éléments d'actif, à l'équité, et autres critères.

Par exemple, une PME désireuse d'acquérir une entreprise de fabrication d'ordinateurs pourrait ne pas être très intéressée par l'achat d'une entreprise dont la seule usine est en Irak, ni par un projet d'acquisition de la compagnie IBM (qui est vraisemblablement au-dessus de ses moyens).

L'établissement des critères obligatoires doit servir à éliminer rapidement, sans perte de temps et d'énergie, les entreprises ne permettant pas à l'acquéreur d'atteindre ses objectifs. Il faut par contre recourir à des critères assez précis, afin de ne pas écarter trop vite une entreprise qui mérite un examen plus poussé.

La deuxième partie de la grille contiendra les critères souhaités. Ils ne déterminent pas l'élimination automatique d'une entreprise qui ne les rencontre pas mais plutôt l'intérêt plus ou moins grand de l'acquéreur à poursuivre des discussions.

Compte tenu du fait que les critères souhaités ne présentent sans doute pas autant d'intérêt pour l'acheteur et que les entreprises analysées peuvent rencontrer certains de ces critères sans être pour autant éliminées sur-le-champ, il sera très utile de pondérer ces critères en attribuant à chacun un facteur d'importance ainsi qu'une échelle d'évaluation.

Pour mieux illustrer notre propos, prenons un exemple.

Vous êtes désireux d'acquérir une entreprise exploitant un restaurant de fruits de mer dans la région de Montréal. Après évaluation du marché et de vos moyens, vous en êtes arrivé à la conclusion que l'entreprise idéale pour votre projet devrait exister depuis plus de cinq ans, posséder un chiffre d'affaires annuel d'environ 1 million $ (avec un minimum absolu de 500 000 $ et un maximum absolu de 1,5 million $), générer des profits nets avant impôts d'environ 120 000 $ (avec un minimum de 50 000 $ et un maximum de 250 000 $, compte tenu de l'impact probable du profit sur le prix), avoir bonne réputation et être disponible au prix maximum de 1,1 million $.

Parmi ces critères, établissons d'abord la liste de ceux qui sont obligatoires :

- un restaurant de fruits de mer ;

- situé sur l'île de Montréal ou à Laval ;

- avec un chiffre d'affaires minimum de 500 000 $ et maximum de 1,5 million $;

- générant des profits nets avant impôts de 50 000 $ au minimum ;

- disponible à un prix n'excédant pas 1,1 million $.

Voilà donc vos critères obligatoires pour ce projet. Toute entreprise qui ne rencontrerait pas un de ces critères ne vous intéresserait pas. Aussi il n'est ni nécessaire ni utile de les qualifier ou de les pondérer puisqu'il suffit qu'un seul fasse défaut pour exclure une entreprise à l'étude.

Dans cet exemple, il y a cependant d'autres critères, soit :

- exploitation depuis plus de 5 ans ;

- chiffre d'affaires optimal d'environ 1 million $;

- profits avant impôts de 120 000 $ par année.

Tous les critères obligatoires ne sont pas forcément rencontrés de la même manière, de sorte qu'un projet présente plus ou moins d'attrait. Ainsi une entreprise dont le chiffre d'affaires est de 501 000 $, les profits nets avant impôts de 51 000 $ et le prix de vente de 850 000 $ rencontre tous les critères obligatoires, mais elle peut être beaucoup moins intéressante qu'une autre réalisant un chiffre d'affaires de 1,2 million $, générant des profits nets avant impôts de 175 000 $, et pour laquelle on demande 900 000 $.

Comment mieux distinguer et évaluer ces deux projets ?

Une façon logique et cohérente d'y arriver consiste à intégrer à notre grille d'évaluation deux autres niveaux d'évaluation, à savoir :

Premièrement, l'attribution à chacun de ces critères susceptibles d'évaluation d'un facteur de pondération qui en montrera l'importance par rapport aux autres critères.

Ainsi, dans ce même exemple, sur une échelle de 10, on pourrait accorder la valeur suivante à chacun des critères souhaités, laquelle refléterait son importance relative pour soi :

- durée d'exploitation, 2 ;

- ratio profit/chiffre d'affaires, 5 ;

- ratio prix/chiffre d'affaires, 4 ;

- ratio prix/profit, 7 ;

- chiffre d'affaires près du montant optimal désiré, 4.

Deuxièmement, l'attribution à chacun de ces critères d'une échelle d'évaluation par rapport à une norme idéale.

Pour le critère « durée d'exploitation », on pourrait ainsi fixer 10 points pour un restaurant en exploitation depuis 5 ans et accroître ce pointage à raison d'un point additionnel pour chaque année d'exploitation supplémentaire.

Pour un critère du type « ratio prix/profit », il s'agit d'établir un ratio assez réaliste, par exemple 4,5, auquel on attribuera une valeur 0, et un facteur d'évaluation qui, dans ce même exemple, pourra être de 1 point par dixième de point au-dessus ou au-dessous de cette norme. Une augmentation de ce ratio étant négative (puisqu'elle entraîne une augmentation du prix pour un même profit), on déduira un point par dixième de point au-dessus de ce ratio et on ajoutera un point par dixième de point au-dessous.

Ainsi un ratio de 5,1 se verra accorder la note -6 (puisqu'il est de 6 dixièmes au-dessus du point repère de 4,5) alors qu'un autre de 4,1 se verra attribuer un pointage de +4.

Une fois que chaque critère faisant l'objet d'une évaluation sera doté de son facteur de pondération (qui détermine son importance relative par rapport aux autres critères) et d'une échelle d'évaluation permettant de mesurer tout écart à l'intérieur du même critère, on sera équipé d'un outil de base permettant d'évaluer rapidement deux projets différents qui rencontrent les critères obligatoires.

La multiplication de la note d'évaluation par le facteur de pondération, pour chaque critère étudié, fournira une note pondérée, et l'addition de ces notes fournira une note globale d'évaluation qui rend possible la comparaison rapide de divers projets entre eux, tout en tenant compte de tous les critères étudiés, du degré auquel chaque critère est satisfait et de l'importance relative de chaque critère par rapport aux autres.

Cet outil fondamental, que constitue une grille d'évaluation bien faite, est adaptable aux besoins particuliers de chaque projet d'achat et peut être, selon les besoins, très simple ou très complexe.

De plus, l'évaluation d'une entreprise au moyen de la grille peut constituer un facteur dans l'établissement du prix d'achat qui sera offert. Il est souvent utile de faire une corrélation entre le prix offert et le degré de satisfaction des critères souhaités, ou encore de comparer plusieurs projets en ce qui a trait à la proportion entre le prix de chacun d'eux et leurs notes d'évaluation globales respectives.

Il est important de noter qu'une grille d'évaluation est un instrument évolutif et non statique. En fait, au cours des étapes subséquentes de son travail, l'acquéreur pourra obtenir des renseignements importants qui nécessiteront d'y être intégrés.

C. Les méthodes et les outils de recherche

Jusqu'ici, nous nous sommes attardés à bien définir les caractéristiques de l'entreprise à acquérir, mais comment faire pour la dénicher ?

Selon mon expérience, il n'existe aucune réponse miracle à cette question. Même les consultants en cette matière utilisent le plus souvent des méthodes purement empiriques, qui découlent simplement d'une analyse sommaire d'un domaine d'activité et de sources de renseignements disponibles à tous. Leur avantage est de savoir où et comment trouver ces sources.

À cet égard, l'acquéreur pourra procéder de la façon suivante :

Premièrement, il définira un champ de recherche dont il déterminera les principaux paramètres. Ceux-ci comprendront, entre autres :

- Un secteur géographique dans lequel rechercher l'entreprise cible ;

- Le domaine d'activité dans lequel concentrer ses recherches.

Il pourra aussi définir plusieurs niveaux de paramètres en leur assignant un ordre de priorité, de façon à concentrer davantage ses recherches dans un premier temps et à n'avoir à élargir leur cadre que si les premiers niveaux ne lui permettent pas de dénicher la perle rare.

L'acquéreur pourra décider de concentrer sa recherche, dans un premier temps, dans la région de Québec métropolitain puis, à défaut de dénicher un projet valable dans cette zone, étendre sa recherche à tout l'est de la province, dans un troisième temps, à toute la province et, ensuite, à tout l'est du Canada, et ainsi de suite.

Deuxièmement, l'acquéreur recueillera des renseignements pertinents concernant son champ de recherche.

Il s'informera des publications, associations, sources de renseignements publics (tels Statistiques Canada, le Bureau de la statistique du Québec, et autres organismes privés et publics publiant des données et statistiques sectorielles), revues, répertoires et autres publications disponibles concernant le domaine d'activité visé et le territoire du champ de recherche. Il se procurera les plus pertinents d'entre eux et les analysera pour mieux comprendre la dynamique du champ de recherche et en identifier les principaux acteurs, notamment les personnes ressources (comptables, avocats, consultants) qui y sont très actives.

Troisièmement, il entrera en contact avec des intervenants de l'industrie au moment opportun.

Si l'étape précédente n'a pas encore permis d'identifier des cibles de choix, l'acquéreur pourra maintenant entrer en contact avec des intervenants choisis de l'industrie. Il leur fera connaître son intention d'achat et leur demandera des renseignements sur les entreprises pouvant rencontrer ses critères obligatoires, dont les propriétaires pourraient accepter de discuter de la vente éventuelle.

Il est ici important de noter l'utilisation des mots « au moment opportun » dans le titre de cette étape. À compter du moment où une personne s'informe sur une entreprise dans le but évident de tenter une approche d'achat et, à cette fin, divulgue certains de ses critères de base, son intérêt comme acquéreur devient alors public. Or, nous avons vu au chapitre 1 qu'il convient de choisir le temps où cet intérêt pourra être mentionné publiquement. Il faut s'assurer que cette divulgation par interrogation ne se fera qu'au moment opportun.

Dans une première phase, l'acquéreur entrera en contact avec des personnes oeuvrant auprès d'organismes publics (fonctionnaires, commissaires industriels, et autres) identifiés comme étant engagés dans le champ de recherche choisi. Nous pourrions aussi inclure dans ce premier groupe les organismes qui, tout en n'étant pas engagés dans un seul secteur d'activité économique, possèdent des banques de données sur des entreprises à la recherche d'acheteurs ou d'investisseurs (par exemple la Banque fédérale de développement, plusieurs grandes firmes comptables, les dirigeants locaux des ministères fédéral et provincial de l'Industrie et du Commerce).

Dans une deuxième phase, un contact pourra être établi auprès d'organisations sectorielles (associations, groupements, et autres) et d'institutions qui n'ont pas d'intérêt direct dans une transaction éventuelle (banquiers, dirigeants locaux de chambres de commerce, associations regroupant des investisseurs ou des entreprises de capital de risque telles que Réseau Capital et autres associations d'affaires).

Un autre moyen sera de contacter directement des consultants et des professionnels reconnus dans le champ de recherche (le domaine d'activité et le secteur géographique choisis). Cette approche est cependant plus délicate. Ceux-ci peuvent en effet avoir intérêt à favoriser ou à défavoriser une transaction éventuelle (surtout s'ils peuvent toucher des honoraires pour avoir mis les parties en contact ou comme représentants d'une partie intéressée à la transaction), ou prétendre subséquemment avoir droit à une commission (du type « frais de démarchage », mieux connu sous le vocable anglais « *finder's fee* ») si une transaction venait à être conclue avec une entreprise cible mentionnée en réponse à la demande de l'acquéreur.

Il faudra que l'acquéreur soit très clair sur ce qu'il attend d'un professionnel avec qui il entre en contact, afin d'éviter toute ambiguïté pouvant occasionner des problèmes ultérieurs avec lui.

D'autre part, l'acquéreur peut choisir de faire accomplir cette portion du travail par une personne qui ne lui est pas rattachée, s'il juge que le moment n'est pas encore opportun pour manifester son intérêt ou si la divulgation de cet intérêt est susceptible de lui causer préjudice.

Il peut s'agir d'un professionnel (par exemple une firme comptable) ou d'un consultant (cette tâche peut rendre utile le recours aux services d'un consultant spécialisé en acquisitions d'entreprises), mais l'acquéreur devra choisir à cette fin une personne ou une firme qui n'est pas habituellement identifiée comme le représentant. Dans le cas contraire, les rumeurs et les hypothèses qui circulent souvent dans plusieurs milieux d'affaires peuvent en venir vite à identifier par présomption la firme intéressée à une acquisition.

Quatrièmement, l'acquéreur pourra faire connaître ouvertement son projet d'achat.

Si les phases précédentes de la recherche n'ont pas donné de résultat concret, l'acquéreur pourra faire connaître plus ouvertement son projet d'acquisition dans le champ de recherche sélectionné à moins qu'il n'ait décidé de demeurer anonyme.

De cette façon, il incitera des chefs d'entreprise désireux ou intéressés à vendre à le contacter. Il est toujours possible que certains propriétaires d'entreprises hésitent à faire connaître leur intention de vente. Dans ce contexte, le fait qu'un acquéreur potentiel se manifeste ouvertement est susceptible de déclencher une manifestation privée d'intérêt chez des vendeurs possibles.

Malheureusement, cette stratégie n'est pas utilisable par l'acquéreur qui désire conserver son projet secret, ou qui considère que le fait de rendre ses intentions publiques peut nuire à des négociations ultérieures ou lui porter autrement préjudice.

Une divulgation semblable peut se faire de plusieurs façons. La plus fréquente est sans aucun doute le bouche à oreille, soit à la suite des contacts établis au cours des phases décrites ci-haut, soit lors de rencontres sociales ou d'affaires d'organismes engagés dans le milieu visé. Selon les circonstances propres à chaque projet, l'acquéreur peut aussi choisir d'autres méthodes plus dynamiques comme l'envoi de lettres à des personnes choisies (surtout des intervenants) ou la publication de communiqués.

Cinquièmement, l'acquéreur usera de patience, élargira son champ de recherche, ou révisera ses critères et moyens de recherche.

Si les efforts de l'acquéreur demeurent toujours infructueux, il reste le recours à diverses stratégies.

La première consiste simplement à prendre patience. Contrairement à un bien de consommation, une entreprise n'est pas une chose que l'on vend tous les jours. Le fait que les efforts de l'acquéreur ne donnent pas les résultats espérés dès les premières semaines ne signifie pas nécessairement qu'il faut paniquer et revoir immédiatement les critères, le champ de recherche et les moyens utilisés jusqu'alors. C'est peut-être tout bonnement qu'aucune entreprise cible n'est disponible à ce moment précis.

Une deuxième stratégie consiste à élargir le champ de recherche afin de couvrir un bassin plus grand d'entreprises pouvant remplir les critères obligatoires. Cette stratégie n'est d'ailleurs pas incompatible avec la première (la patience) et peut très bien la compléter.

La troisième stratégie consiste à revoir les critères obligatoires prévus à la grille de sélection. La recherche préliminaire peut avoir révélé qu'ils sont trop restrictifs et que peu d'entreprises peuvent les rencontrer. Un certain élargissement de ces critères, par exemple la reclassification de certains critères obligatoires au rang de critères hautement souhaitables peut permettre d'élargir d'autant le champ de recherche.

En quatrième lieu, l'acquéreur pourra reconsidérer ses méthodes de recherche. Un certain effort de créativité ou l'apport de spécialistes lui permettra sans doute de trouver des méthodes de recherche d'une entreprise cible qui s'avéreront plus efficaces dans le cadre particulier de son projet.

D. L'obtention de renseignements particuliers et la pré-évaluation

Le travail de recherche de l'entreprise cible idéale accompli jusqu'ici ne nous a permis que d'identifier des entreprises qui semblent, à première vue, répondre aux critères de base obligatoires.

Il est encore trop prématuré pour se lancer dans la préparation d'une offre d'achat ou même entrer en contact avec les propriétaires de l'entreprise afin de leur faire part de son intérêt.

Si l'entreprise ne remplit pas vraiment les critères obligatoires déjà définis, il sera beaucoup plus difficile de se retirer après avoir manifesté son intérêt que de simplement s'abstenir d'établir un contact. D'autre part, si l'entreprise est vraiment intéressante pour les fins du projet d'acquisition, un contact intempestif peut diminuer les chances de succès du projet si l'on n'a pas pris soin d'obtenir au préalable certains renseignements supplémentaires fort utiles au moment de l'approche initiale. Ces renseignements de base incluent des choses aussi simples, mais fondamentales, que l'identification de la bonne personne à contacter.

Pour cette raison, l'étape qui suit l'identification d'une entreprise cible répondant aux critères de base de l'acquéreur consiste à se renseigner plus à fond sur l'entreprise, ses produits et services, ses ressources, sa situation financière, ses dirigeants, ses propriétaires, sa réputation, et autres données.

La quantité d'informations que l'on peut obtenir sur une entreprise par une simple recherche tout à fait légale, menée auprès de sources de renseignements publiques, dépasse souvent l'imagination. Il suffit généralement de définir les renseignements qui paraissent vraiment utiles et de rechercher les endroits ou les sources où ils peuvent être consignés, déposés ou enregistrés en vertu d'une loi ou d'une norme applicable à l'entreprise visée. Un avocat spécialisé en droit commercial sera ici d'un grand secours puisqu'il connaît bien les lois et règlements pouvant requérir le dépôt ou l'enregistrement de renseignements.

Le but de ces recherches sera double. Dans un premier temps, l'acquéreur cherchera à vérifier du mieux possible si l'entreprise étudiée rencontre bien les critères obligatoires et, si possible, les critères souhaités contenus dans la grille d'évaluation. En deuxième lieu, cette cueillette permettra à l'acquéreur d'obtenir des renseignements fort pertinents pour la préparation de sa première approche, entre autres, l'identification des propriétaires, des dirigeants et des administrateurs de l'entreprise cible.

Naturellement, il n'est pas impossible que cette recherche soit à recommencer à quelques reprises s'il appert qu'une entreprise étudiée ne remplit pas les critères obligatoires, ou s'il y a plusieurs projets disponibles, ou si les premières démarches s'avèrent infructueuses.

Il ne faudra cependant pas que l'acquéreur lésine sur cette tâche. Les renseignements obtenus lors de cette première recherche pourront être utiles à plusieurs fins par la suite, que ce soit au moment de faire le premier contact avec le vendeur potentiel, de fixer un prix d'achat, de déterminer les renseignements supplémentaires requis et ceux qui nécessitent un examen plus poussé, et ainsi de suite.

Parmi les renseignements recherchés, il y en a un de très utile, quoiqu'il ne soit pas habituellement facile à obtenir. Il s'agit de la raison qui peut motiver le propriétaire de l'entreprise à envisager la vente de ses intérêts. Cette information pourra être d'un grand secours en temps et lieu.

E. Comment entrer en contact avec les propriétaires d'une entreprise cible

Avant d'en arriver à cette phase, l'acquéreur a pris soin de bien identifier une entreprise qui, d'après tous les renseignements obtenus, semble rencontrer tous les critères obligatoires et certains critères souhaités, et pour laquelle une approche faite auprès de ses propriétaires paraît possible et non vouée inévitablement à l'échec.

Il est maintenant temps de passer à l'action. À ce stade du processus d'achat, une grande délicatesse est de mise, surtout si les propriétaires de l'entreprise cible en sont les fondateurs ou s'ils possèdent cette seule entreprise à laquelle ils consacrent entièrement leur vie professionnelle, plusieurs facteurs psychologiques entrant alors en ligne de compte.

En premier lieu, ils seront souvent soucieux de l'impact que pourrait avoir sur leur entreprise toute rumeur voulant qu'elle soit « à vendre ». Une telle information peut laisser croire que l'entreprise connaît des difficultés ou que ses propriétaires ne s'y intéressent plus. En pratique, toute réponse autre qu'un refus catégorique de poursuivre les pourparlers devra être considérée comme fort encourageante.

L'acquéreur devra agir avec grande discrétion. S'il fait trop de bruit autour de son intérêt pour l'entreprise ou de son approche, les propriétaires pourront n'avoir d'autre choix que de mettre rapidement fin à toute discussion afin d'éviter des effets néfastes pour l'entreprise.

En deuxième lieu, pour un propriétaire de PME, son entreprise est à la fois sa raison de vivre, sa principale source de revenu, son fonds de pension et son enfant chéri. Il faudra que l'acquéreur agisse avec tact afin de ne pas le blesser, de bien comprendre et saisir ses préoccupations (plusieurs propriétaires vendeurs veulent continuer à travailler dans l'entreprise, d'autres se soucient de certains employés qui leur ont été fidèles pendant de nombreuses années, alors que d'autres encore exigeront un prix qui tient compte de la valeur sentimentale qu'ils accordent à l'entreprise ou de leur besoin de fonds suffisants pour la retraite), et qu'il se montre intéressé à poursuivre et même à accélérer la progression de l'entreprise (si tel est évidemment son intention).

En troisième lieu, et pour les mêmes raisons, il faudra éviter de dénigrer la gestion en place. En fait, des critiques négatives à cet égard peuvent être perçues par le vendeur potentiel comme une attaque personnelle ou comme une remise en cause du maintien à leur poste, après l'acquisition d'employés qui lui ont été longtemps dévoués. Elles peuvent être aussi perçues comme une intention de modifier considérablement la direction et l'avenir de l'entreprise après qu'elle ait changé de main.

Afin de prévenir de telles bévues, pourtant beaucoup plus fréquentes que l'on serait porté à croire, l'acquéreur pourrait compléter son travail de recherche préalable à une première approche en obtenant tous les renseignements disponibles sur les vendeurs qu'il sera appelé à rencontrer (âge, état de santé, situation familiale, champ d'intérêt, style de personnalité, ce qu'ils entendent faire après une éventuelle vente de leur entreprise, etc.) de façon qu'il puisse se placer dès le premier contact sur la même longueur d'onde.

Ensuite, l'acquéreur devra répondre à trois questions fondamentales :

- Auprès de qui sera faite la première approche ?

- Qui fera cette première approche en son nom ?

- Quand et comment se fera cette première approche ?

Voyons chacune de ces questions d'un peu plus près.

1. Auprès de qui sera faite la première approche ?

Il est impossible d'établir une règle générale valable dans tous les cas. Il faut tenir compte des particularités de chaque vendeur et de chaque situation.

Malgré cela, je désire soumettre à votre réflexion les considérations suivantes :

a) Il est généralement préférable de contacter directement celui qui sera le vendeur, ou le principal vendeur s'il y en a plusieurs. Idéalement ce sera l'actionnaire et le dirigeant principal. Une tentative de contact par l'entremise d'un employé (même s'il s'agit d'un cadre) ou d'un actionnaire minoritaire peut violer le besoin de confidentialité initial du vendeur potentiel ou être perçue comme une forme de manigance entre l'acquéreur et cette personne ;

b) Une exception à la règle ci-dessus est concevable si une personne proche de l'acquéreur, ou l'un de ses conseillers, possède un bon contact personnel auprès d'un cadre supérieur de l'entreprise cible ou d'un actionnaire important, même s'il n'est pas le principal. Un premier contact pourra être établi avec cette personne afin d'ouvrir le chemin et, si possible, pour obtenir des renseignements supplémentaires quant à la possibilité d'une approche directe auprès du principal actionnaire. Dans ce cas, il ne faudra pas tarder à établir un contact direct avec ce dernier et bien lui expliquer la raison pour laquelle un premier contact a été établi avec une autre personne ;

c) Enfin, dans la même situation et selon les mêmes règles que dans le cas précédent, le premier contact pourrait être établi avec une personne qui est très proche du vendeur principal et dans laquelle ce dernier a grande confiance.

2. Qui fera cette première approche en son nom ?

Les principes ci-haut mentionnés concernant la personne à approcher initialement s'appliquent aussi à l'égard de celui qui devrait faire cette approche.

Idéalement, ce sera l'acquéreur lui-même ou, si l'acquéreur est une entreprise, son principal dirigeant qui contactera directement le principal vendeur potentiel.

Cette façon de procéder démontre bien que l'intérêt de l'acquéreur est réel et peut facilement être perçue comme une marque de respect par le vendeur potentiel. Aussi, il sera beaucoup plus difficile à ce dernier d'opposer rapidement un refus catégorique au grand patron de l'acquéreur qu'à un simple représentant.

Il peut cependant y avoir des exceptions, dont le cas où un représentant de l'acquéreur possède déjà une bonne relation avec le vendeur. Mais, même alors, il est plus utile de tenter de convenir d'une première approche faite conjointement par le principal dirigeant de l'acquéreur et cette autre personne.

3. Quand et comment se fera cette première approche ?

Ici les grands principes ne tiennent plus et chaque cas devra être étudié à son mérite. Les règles applicables au moment de l'approche tiendront surtout du gros bon sens. Ainsi on ne contactera pas le vendeur immédiatement avant son départ ou après son retour de vacances, ou dans une période où il peut être surchargé de travail. De la même façon, on tentera de tenir compte du cycle des ventes de l'entreprise cible afin de ne pas faire cette approche au moment où les ventes et la profitabilité sont à leur point culminant.

Quand aux moyens de tenter cette approche, les vôtres sont sans doute aussi bons que les miens.

Personnellement, je préfère un contact personnel (repas ou rencontre), dans une atmosphère détendue (il s'agit ici d'établir un climat de confiance et d'éveiller un intérêt et non de négocier) et dans un lieu qui démontrera le souci de l'acquéreur de préserver la confidentialité de l'approche. La question de la confidentialité des discussions devrait toujours constituer l'un des premiers sujets sérieux de la discussion, afin de diminuer immédiatement les craintes possibles du vendeur.

Sauf dans certains cas exceptionnels, essayez d'éviter une approche trop directe ou trop impersonnelle qui peut facilement aboutir à un refus rapide.

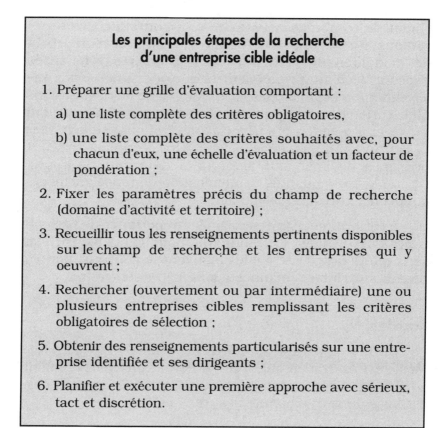

Les principales étapes de la recherche d'une entreprise cible idéale

1. Préparer une grille d'évaluation comportant :

   a) une liste complète des critères obligatoires,

   b) une liste complète des critères souhaités avec, pour chacun d'eux, une échelle d'évaluation et un facteur de pondération ;

2. Fixer les paramètres précis du champ de recherche (domaine d'activité et territoire) ;

3. Recueillir tous les renseignements pertinents disponibles sur le champ de recherche et les entreprises qui y oeuvrent ;

4. Rechercher (ouvertement ou par intermédiaire) une ou plusieurs entreprises cibles remplissant les critères obligatoires de sélection ;

5. Obtenir des renseignements particularisés sur une entreprise identifiée et ses dirigeants ;

6. Planifier et exécuter une première approche avec sérieux, tact et discrétion.

Pour la très vaste majorité des vendeurs, la perspective de la vente de leur entreprise ressemble beaucoup plus au geste d'accepter de confier un de ses enfants à un conjoint ou une conjointe qu'à la simple vente d'un objet. Aussi avant même de tenter d'attaquer trop sérieusement la négociation du projet d'achat, il faudra que l'acquéreur prenne bien soin d'établir une relation de confiance réciproque suffisamment forte pour motiver le vendeur à lui confier les destinées de son enfant chéri.

Il est utile de préciser, dès la première rencontre, que les discussions initiales se font sans engagement de part et d'autre, dans le but de mieux se connaître et d'établir ce

climat de confiance nécessaire à la poursuite des négociations. Il ne sera pas nécessaire de convenir d'un prix et
de modalités de vente dès ces premières rencontres
(puisqu'il y en aura généralement quelques-unes avant que
le vendeur accepte de passer à une phase de négociations
plus sérieuses), mais plutôt de principes généraux qui
serviront à encadrer ces négociations (notamment la nature
de la transaction, un échéancier général, certaines règles et
principes de base qui aideront à déterminer un prix
équitable, les modalités de divulgation de renseignements
supplémentaires par le vendeur).

À cette étape, il faut souligner l'importance de fixer un
échéancier rapide et raisonnable pour les deux parties,
sans quoi l'une d'entre elles (souvent le vendeur) pourra
revenir sur l'intérêt manifesté lors de ces rencontres

Conclusion

Le travail consistant à rechercher une entreprise cible
idéale est un travail qui, tout en devant être parfaitement
adapté à chaque situation et à chaque vendeur, peut être
organisé dans une bonne mesure.

La mise en place d'une grille d'évaluation adéquate et
réaliste, un processus de recherche accompli avec diligence,
patience et persévérance, l'obtention de la plus grande
quantité d'informations disponibles avant un premier
contact avec une entreprise identifiée et une approche qui
tient compte des préoccupations possibles du vendeur
pourront accroître considérablement les chances de succès
de l'acquéreur.

Si l'acquéreur n'est pas, ou est peu connu du vendeur,
il devra prendre les moyens nécessaires pour le convaincre
dès la première rencontre de son intérêt et de son sérieux,
afin d'établir un climat de confiance avant d'engager des
discussions sérieuses sur la nature de son approche.

Trop souvent à mon goût j'ai été appelé à représenter
des entrepreneurs venant d'être contactés par de parfaits

inconnus qui leur offraient de but en blanc des sommes plus qu'intéressantes pour acquérir leur entreprise.

Mon expérience dans de telles situations veut qu'il s'agisse le plus souvent de personnes ne possédant pas les moyens d'acquérir l'entreprise en question, et qui entendent payer le prix d'achat seulement à partir des fonds générés par l'entreprise ou par le financement de ses éléments d'actif, sans autre mise de fonds. Encore plus, il s'agit fréquemment de personnes qui n'ont manifestement pas les qualités ni l'expérience requises pour gérer cette entreprise.

Vous comprendrez donc ma réticence lorsque je suis contacté par un chef d'entreprise qui m'informe avoir reçu une telle offre d'un inconnu. Je puis aussi vous affirmer que je ne suis pas le seul conseiller d'entreprises apte à tenir de tels propos. La plupart de mes confrères entretiennent des idées semblables.

Avant de vous lancer dans des propositions et des offres, il m'apparaît important de vous faire valoir et de démontrer le sérieux de votre proposition ainsi que votre capacité de conclure la transaction proposée. Sinon, vous courez le risque de vous faire claquer bien des portes au nez.

CHAPITRE 4

Est-il préférable d'acquérir l'actif ou les actions ?

A. Les différences entre un achat d'actions
   et un achat d'actif 74

B. Les avantages de l'achat de l'actif
   pour l'acquéreur 76

C. Les inconvénients de l'achat de l'actif
   pour l'acquéreur 82

D. Les avantages de la vente des actions
   pour le vendeur 84

E. Le mot final : une structure permettant
   de maximiser et de partager les bénéfices et
   les risques de la transaction 87

A. Les différences entre un achat d'actions et un achat d'actif

On peut posséder une entreprise de trois façons, les deux premières étant :

- La détention directe par un particulier qui exploite l'entreprise sous son propre nom (comme un professionnel qui exploite seul, tels le médecin ou le notaire), ou plus souvent dans le domaine commercial, sous un nom commercial (aussi appelé « raison sociale »), lequel fait simplement l'objet d'une déclaration déposée au bureau du protonotaire de la Cour supérieure du district judiciaire dans lequel la personne fait affaires ;

- La détention directe par plusieurs personnes qui exploitent l'entreprise ensemble soit sous leurs propres noms (tels les professionnels oeuvrant ensemble au sein d'un même cabinet) ou sous une raison sociale commune. Cette deuxième façon est la société de personnes, qui peut prendre plusieurs formes.

Lorsqu'une entreprise est la propriété d'une personne physique ou d'une société de personnes, son actif appartient en propre à la personne ou à la société de personnes qui en est l'exploitant. De même, son passif est dû par cette personne ou cette société de personnes.

Le choix d'acquérir l'actif ou les actions ne se pose pas lors de l'achat d'une entreprise détenue de l'une ou l'autre de ces deux façons, la seule option étant alors d'acquérir l'actif puisqu'il n'y a pas de compagnie donc pas d'actions.

La troisième façon de détenir une entreprise est par l'entremise d'une compagnie, une façon fondamentalement différente des deux premières.

Selon cette structure, l'actif de l'entreprise n'appartient plus au particulier ou aux personnes physiques qui la dirigent, mais plutôt à une compagnie à laquelle la loi confère un statut fictif de personne morale au même titre qu'une personne physique. La compagnie est une personne distincte qui possède en son nom propre l'actif de l'entreprise et est redevable de son passif.

Une compagnie, qui est en soi une personne morale, doit nécessairement appartenir à d'autres personnes. Ces propriétaires peuvent être des personnes physiques ou d'autres compagnies. Leurs droits sur la compagnie seront constatés par un titre de propriété : l'« action ».

Il existe un grand nombre de règles et d'exceptions à l'égard des compagnies et des actions. Une compagnie peut être fédérale ou provinciale, privée ou publique, constituée par une loi d'application générale, une loi particulière ou une loi privée. Quant aux droits, privilèges et restrictions rattachés aux actions, ils sont innombrables, d'autant plus qu'une compagnie peut posséder un nombre illimité d'actions réparties en un nombre illimité de catégories, chacune assortie de droits, privilèges et restrictions qui lui sont propres.

Les actionnaires d'une compagnie ont le droit de vote (ce qui, au prorata des actions détenues comportant ce droit, les habilite à prendre les décisions importantes concernant la compagnie), le droit de se partager les profits (par la voie des dividendes déclarés et payés sur les actions admissibles) et le droit de se partager le reliquat des biens de la compagnie, après paiement des dettes et des obligations, advenant sa liquidation.

Les décisions concernant la compagnie sont prises par un conseil d'administration élu par les actionnaires, sauf certaines décisions majeures qui doivent être adoptées ou ratifiées par le vote des actionnaires, par exemple la vente de l'entreprise.

Il existe deux façon d'acquérir une entreprise cible détenue par une compagnie :

1. En achetant l'actif de l'entreprise comme si celle-ci appartenait à un particulier ou à une

société de personnes. Dans ce cas, le vendeur est la compagnie elle-même, qui cède à l'acheteur l'entreprise qu'elle détient ;

2. En achetant non pas l'actif de l'entreprise mais les actions de la compagnie. Dans cette situation, l'entreprise continue d'appartenir à la compagnie dont l'acquéreur devient propriétaire à la suite de l'acquisition des actions détenues par ses actionnaires. Le vendeur à cette transaction n'est pas la compagnie, elle-même l'objet de la vente, mais ses actionnaires.

Le choix d'acquérir l'actif de l'entreprise ou les actions de la compagnie fera l'objet de négociations et d'une entente avec le vendeur. Cette décision peut effectivement entraîner de nombreuses conséquences sur la façon de conclure la transaction et sur ses répercussions juridiques et fiscales, autant pour le vendeur que pour l'acquéreur.

B. Les avantages de l'achat de l'actif pour l'acquéreur

Un dicton fort populaire dans le domaine de l'acquisition d'entreprises veut que l'acquéreur cherche toujours à acquérir l'actif et que le vendeur cherche toujours à vendre les actions.

Bien que le mot « toujours » ne soit pas approprié dans ce propos, puisqu'il laisse faussement entendre qu'il n'existe pas de situation où l'acquéreur préfère s'approprier les actions ni de situation où le vendeur préfère se départir de l'actif, il faut reconnaître que ce dicton se vérifie dans plus de 90 % des cas. Par contre, après négociations entre les parties, je suis convaincu que les ventes d'actions sont au moins aussi nombreuses que les ventes d'actif.

Pourquoi un acheteur devrait-il généralement préférer acquérir l'actif plutôt que les actions ? Tout d'abord pour des raisons juridiques, et ensuite pour des raisons fiscales.

Au point de vue légal l'acheteur se dégage en bonne

partie de tout le passé juridique de l'entreprise, sauf en ce qui concerne les obligations, les contrats et les engagements qu'il accepte spécifiquement d'assumer par l'acte de vente. Inversement, en acquérant les actions, il se trouve à assumer indirectement — puisque la compagnie en demeure la responsable directe — les conséquences de tous les engagements, toutes les obligations et tous les contrats, écrits et verbaux, qui peuvent lier la compagnie. Prenons un exemple qui permettra de mieux comprendre cette distinction.

Durant le mois précédent sa vente, la compagnie ABC inc. vend et livre sept pièces d'équipement majeures. Or, dans les quelques semaines qui suivent la conclusion de la vente, chacune de ces pièces brise, et l'on constate que ces bris résultent d'une fabrication déficiente de ce lot. Qu'en est-il de la responsabilité de l'acheteur ?

Si l'acheteur s'est porté acquéreur de l'actif de l'entreprise, il n'a pas à assumer les conséquences de ce désastre, à moins d'y avoir consenti spécifiquement dans le contrat d'achat. Par contre, s'il a acquis les actions, la compagnie dont il est maintenant propriétaire demeure responsable de tous ses engagements, et la vente des actions ne modifie en rien cette responsabilité. La compagnie devra endosser les conséquences des bris, et sa valeur pour l'acheteur en subira directement le contrecoup.

Plusieurs autres situations peuvent lier un acheteur d'actions à des événements antérieurs à l'achat, sans qu'il puisse se défaire de cette responsabilité. On peut penser à l'imposition à la compagnie de nouvelles cotisations fiscales pour des périodes antérieures à la vente, ou au recours d'un ex-actionnaire ou d'un ex-employé prétendant avoir été lésé dans ses droits. Dans tous ces cas, la compagnie devra assumer la responsabilité de ses gestes sans que la vente vienne influer sur cette situation et, comme actionnaire de la compagnie, l'acheteur devra subir les conséquences de cet impact sur la valeur de la compagnie dont il a acquis les actions.

Il est possible de réduire de tels risques en incluant diverses clauses dans le contrat de vente d'actions, selon lesquelles le vendeur s'engage à indemniser l'acquéreur des conséquences de fautes ou d'obligations antérieures à la vente. Cependant, de telles clauses d'indemnisation ne libèrent pas la compagnie de ses obligations ; elles prévoient simplement un recours possible de l'acheteur contre le vendeur si de telles situations survenaient. La compagnie se trouve alors dans l'obligation de respecter ses engagements et d'assumer les conséquences de sa responsabilité, et ce, même si le vendeur refusait ou n'était pas en mesure de respecter son obligation d'indemnisation vis-à-vis de l'acheteur.

La clause d'indemnisation ne constitue une protection valable qu'à condition que le vendeur soit suffisamment solvable pour la respecter, et même alors, la compagnie devra respecter ses propres obligations souvent plusieurs mois, voire plusieurs années, avant que l'acheteur ne reçoive l'indemnisation promise par le vendeur. Par ailleurs, le droit à cette indemnisation obligera l'acquéreur à respecter certaines formalités légales qui l'empêcheront de gérer le problème à sa guise. Par exemple, il pourra se voir refuser l'indemnisation si la compagnie admet sa responsabilité trop rapidement et sans avoir obtenu toutes les preuves qu'elle est seule responsable.

La vérification de l'entreprise par l'acheteur et ses conseillers, avant la conclusion de la vente, peut aider à réduire les risques associés à l'acquisition des actions. Mais encore là, ce mécanisme est loin d'être parfait, puisque ne sera vérifiable que ce que le vendeur voudra bien montrer, sans compter que certaines obligations peuvent être difficiles et parfois même impossibles à relever, notamment la responsabilité pour des faits ou contrats passés dont la réclamation n'a pas encore été reçue et pour les contrats verbaux.

Quelles que soient les méthodes préventives utilisées, l'achat de l'actif, dans la mesure où le contrat est bien rédigé et tient compte des formalités prévues au Code civil pour ce type de transaction, lie moins l'acheteur au passé de l'entreprise que l'achat d'actions.

Un autre avantage relié à l'acquisition de l'actif plutôt que des actions est une plus grande facilité de financer la transaction. Dans la mesure où plusieurs éléments d'actif sont tangibles et possèdent une valeur propre reconnue comme pouvant constituer une garantie valable pour un financement, il sera plus facile à un prêteur d'avancer des sommes en prenant une sûreté sur ces biens que de prêter à un acheteur qui n'acquiert que des actions, et n'est donc pas directement propriétaire des biens corporels de la compagnie — une personne morale bien distincte qui en demeure seule propriétaire.

Sur le plan fiscal, l'achat de l'actif plutôt que des actions fait bénéficier l'acquéreur des trois avantages suivants :

1. Tout d'abord, il permet une réévaluation des biens acquis en fonction du prix d'achat payé et une augmentation du montant de l'amortissement qui pourra être déduit annuellement par la suite.

Les lois fiscales permettent à une entreprise de déduire annuellement de ses revenus imposables une dépense d'amortissement (ou, en langage fiscal, d'« allocation du coût en capital »). Cette dépense est un pourcentage (dont le taux maximum est prescrit dans les règlements fiscaux), lequel est appliqué sur le solde non encore amorti du bien assujetti à cet amortissement (dans le jargon sophistiqué du monde fiscal, on parle de « fraction non amortie du coût en capital »). Cet amortissement s'applique à la plupart des immobilisations d'une entreprise (à l'exception principalement des terrains), suivant des taux et des règles qui diffèrent selon la nature du bien.

Jusqu'à la vente de l'actif d'une entreprise, cet amortissement s'applique sur le solde non amorti du coût de chaque bien (ce solde étant la différence entre le coût initial du bien et l'amortissement accumulé au cours des années antérieures).

Or, au moment de l'acquisition de l'actif, ce solde non amorti est remplacé par la portion du prix d'achat attribuée à l'acquisition de ce bien, ce qui permet à l'acheteur de bénéficier par la suite d'un montant annuel d'amortissement plus élevé et de diminuer d'autant le fardeau fiscal de l'entreprise.

Prenons un exemple qui permettra de mieux comprendre cette notion technique. Une entreprise possède une pièce d'équipement acquise il y a quatre ans au coût initial de 135 000 $. Se prévalant du taux maximum d'amortissement pour cette catégorie de biens (disons 20 % par année), elle a déduit à ce jour un total de 79 704 $, laissant un solde à amortir de 55 296 $ pour la prochaine année.

Si l'acquéreur achète les actions de la compagnie (qui ne sont d'ailleurs pas des biens amortissables), à titre d'amortissement sur ce bien, celle-ci pourra déduire respectivement 11 059 $, 8 847 $ et 7 078 $ au cours des trois prochaines années.

Si l'acheteur acquiert l'actif plutôt que les actions et que, par contrat de vente, lui et le vendeur conviennent d'un montant de 100 000 $ comme portion du prix d'achat pour cet équipement (il est à noter que les autorités fiscales exigent une estimation raisonnable), il pourra alors appliquer le taux d'amortissement prescrit sur ce montant. Il sera ainsi en mesure de déduire, dans les trois années suivantes, des sommes respectives de 20 000 $, 16 000 $ et 12 800 $, pour une déduction fiscale totale de 48 800 $, soit 21 816 $ (ou 81 %) de plus que s'il avait acquis les actions.

2. Deuxièmement, l'achat de l'actif donne plus de flexibilité à l'acquéreur. (Voir encadré, page 81)

Cette flexibilité tient au fait que l'acheteur est considéré comme acquérant chacun des biens plutôt que l'entreprise.

Pourquoi un acquéreur préférera-t-il acquérir l'actif ?

1. Pour réduire les risques associés au passé de l'entreprise ;

2. À cause de la grande facilité et de la simplicité du financement de la transaction ;

3. Pour accroître la déduction pour amortissement de l'actif acquis ;

4. À cause d'une plus grande flexibilité ;

5. Pour déduire les pertes futures de l'entreprise acquise d'autres revenus ou profits.

Il peut choisir de ne pas acquérir certains biens (par exemple ceux comportant des risques inhérents ou des biens non requis pour l'exploitation de l'entreprise) et réduire d'autant le prix d'achat. De plus, comme nous l'avons vu ci-haut, les parties peuvent s'entendre, dans la mesure du raisonnable, pour attribuer une portion du prix de vente à chacun des biens acquis dans le but d'améliorer la position fiscale de l'acquéreur, et aussi afin de minimiser certaines taxes (comme la taxe de vente ou les droits de mutation) applicables à la transaction.

3. Troisièmement, si l'acheteur prévoit que sa nouvelle entreprise, compte tenu des dépenses d'amortissement, peut réaliser des pertes nettes au cours de la période qui suit l'acquisition, en acquérant l'actif il sera généralement en mesure de les déduire (à la condition cependant que l'entreprise présente des perspectives raisonnables de profits futurs) de ses autres revenus, ce que l'achat d'actions ne lui permettra pas.

Prenons le cas où un acquéreur possède déjà une entreprise qui rapporte. S'il prévoit une perte d'exploitation dans l'année qui suit pour sa nouvelle acquisition, il pourra, en acquérant l'actif par l'entremise de sa première entreprise profitable, déduire cette perte de ses profits. Par contre, s'il acquiert les actions, il n'aura pas droit à cette déduction, et il ne pourra bénéficier de l'avantage fiscal de ces pertes que lorsque l'entreprise acquise réalisera elle-même un profit.

C. Les inconvénients de l'achat de l'actif pour l'acquéreur

Même si l'on considère que l'achat de l'actif constitue généralement la méthode la plus avantageuse pour un acquéreur, elle n'est pas sans occasionner certains inconvénients qu'il convient de bien mesurer avant d'arrêter un choix définitif.

Un inconvénient qui peut être d'envergure à l'occasion de certaines transactions est la difficulté de transférer les droits du vendeur en vertu de certains contrats.

Plusieurs contrats majeurs, principalement les baux, les ententes de subventions ou d'aide gouvernementale, certains contrats d'approvisionnement ou de fourniture avec des clients ou des fournisseurs importants, les contrats en matière d'informatique et de technologie, les ententes comprenant le transfert ou l'utilisation de droits de propriété intellectuelle (brevets, marques de commerce, droits d'auteur, secrets de fabrication et secrets commerciaux) et les contrats d'agence, de franchise ou de distribution, contiennent des clauses restreignant la possibilité de transférer les droits de l'entreprise à un tiers.

Dans la mesure où de telles clauses existent et où il peut être difficile d'obtenir les consentements au transfert souvent requis par ces dispositions ou, pis encore, dans la mesure où l'entreprise risque la perte des droits qui lui sont conférés par ces contrats lors du transfert, la vente de l'actif peut s'avérer une opération délicate et dangereuse.

À titre d'exemple, la transaction d'acquisition de la chaîne de restaurants Pastelli par les restaurants Giorgio s'est concrétisée par un achat d'actions plutôt que de l'actif. Entre autres, à cause de la quantité alors jugée trop importante d'autorisations nécessaires pour conclure une transaction d'achat de l'actif, ce qui, au mieux, aurait accru considérablement le temps et les coûts requis pour réaliser cette vente.

Il est cependant important de noter que certaines de ces restrictions s'appliquent également à la vente des actions. Il faut toujours garder bien vif à la mémoire la possibilité de leur existence et s'assurer de leur respect lors de toute transaction.

Sur le plan pratique, la vente de l'actif, assujettie à certaines formalités prévues au Code civil et nécessitant une identification plus détaillée des biens achetés ainsi qu'une répartition du prix de vente entre les différents éléments d'actif, peut être dans certains cas plus complexe à réaliser qu'une vente d'actions.

Il peut aussi y avoir deux inconvénients de nature fiscale.

1. L'imposition de la taxe de vente provinciale sur certains biens acquis, notamment les équipements et le mobilier, et de droits de mutation sur les immeubles. Il n'y a aucune taxe de vente provinciale ni droits de mutation sur la vente des actions. Il faut noter que l'inconvénient de la vente de l'actif en ce qui concerne l'imposition de la taxe de vente provinciale disparaîtra dès l'entrée en vigueur, prévue pour le mois de janvier 1992, de la taxe provinciale sur les produits et services, laquelle remplacera alors l'actuelle taxe de vente provinciale ;

2. L'impossibilité pour l'acquéreur de bénéficier des pertes d'exploitation passées de l'entreprise acquise à l'encontre de ses profits futurs. Si l'acquéreur acquiert l'actif, les pertes passées demeurent celles du vendeur ; lui-même (et

souvent le vendeur) ne pourra en bénéficier à l'avenir. Si l'entreprise acquise a des pertes fiscales accumulées importantes et que l'acheteur désire poursuivre l'exploitation, dans la mesure où il existe des perspectives raisonnables de profit l'achat des actions pourra lui permettre de déduire les pertes fiscales passées des profits futurs.

D. Les avantages de la vente des actions pour le vendeur

Regardons maintenant l'autre côté de la médaille. Pourquoi un vendeur préfère-t-il le plus souvent vendre ses actions plutôt que l'actif de l'entreprise ?

Un premier inconvénient de la vente de l'actif pour le vendeur, qui se traduit par un avantage à la vente de ses actions, résulte des règles formalistes prévues au Code civil dans un tel cas. Ces règles obligent le vendeur à divulguer à l'acheteur, dans un affidavit annexé à l'acte de vente, toutes ses dettes (ainsi que le nom et l'adresse de tous ses créanciers, le montant dû à chacun d'eux à la date de la vente et la nature de la dette) et obligent l'acheteur à verser le prix de vente directement à chaque créancier du vendeur mentionné dans cet affidavit jusqu'à concurrence de sa créance. Cet affidavit doit comprendre tous les créanciers du vendeur, y compris ceux dont les créances ne concernent pas l'entreprise vendue. La loi prévoit des conséquences très graves en cas de non-respect, pouvant même aller jusqu'à l'annulation de la vente à la demande d'un créancier. Il s'agit donc de formalités très lourdes que beaucoup de vendeurs cherchent à éviter.

Les principaux avantages de la vente des actions pour le vendeur (qui sont aussi les principaux inconvénients de la vente de l'actif) sont d'ordre fiscal. La vente de l'actif a pour lui des conséquences fiscales beaucoup plus onéreuses, dans la quasi-totalité des cas, que la vente des actions.

Sans entrer dans le labyrinthe interminable et sans cesse changeant de la fiscalité, voyons sommairement les principales différences fiscales entre la vente des actions et celle de l'actif :

1. Le double palier d'imposition.

Lors d'une vente d'actif, le vendeur fait face à un double palier d'imposition.

Dans un premier temps, la compagnie qui vend son actif est elle-même assujettie à un premier niveau d'imposition, qui peut être très coûteux.

La compagnie devra ajouter à son profit de l'exercice en cours 75 % (ce taux est celui de 1991) du gain en capital réalisé sur les biens non amortissables, puis la totalité de la différence entre le solde non amorti du coût des biens amortissables et le prix de vente de ces biens, jusqu'à concurrence de leur coût initial (que l'on désigne sous le vocable de « récupération de l'allocation du coût en capital ») plus, si ce prix de vente excède le coût initial, 75 % de cet excédent. Comme si cela n'était pas suffisant, certains biens vendus entraînent d'autres impôts calculés selon des règles particulières (comme l'achalandage et les produits en stock).

Pourquoi le vendeur préférera-t-il vendre ses actions ?

1. À cause du double niveau d'imposition rattaché à la vente de l'actif ;

2. Afin de bénéficier le plus possible de l'exemption d'impôt sur le gain de capital ;

3. Pour se libérer entièrement de tout ce qui concerne l'entreprise vendue ;

4. Afin d'éviter le fardeau additionnel que représente pour lui le respect des règles du Code civil applicables à la vente de l'actif.

Il s'agit donc d'un premier coût fiscal qui peut être important, mais ce n'est pas tout.

Une fois ces impôts payés, le solde net du prix de vente n'est pas encore entre les mains du vendeur, mais entre ceux de la compagnie dont le vendeur détient les actions.

Comme nous l'avons vu, le vendeur à une vente de l'actif n'est pas le propriétaire de la compagnie (son actionnaire), mais la compagnie elle-même, une personne morale distincte.

Lorsqu'il voudra toucher personnellement ce montant, le vendeur devra faire face à un deuxième niveau d'imposition. Chacune des méthodes qu'il utilisera pour retirer l'argent de la compagnie (salaire, gratification, dividende ou liquidation de la compagnie) entraînera un impôt personnel. Ce deuxième niveau d'imposition rend évidemment la vente de l'actif beaucoup moins attrayante pour le vendeur.

Le montant d'impôt payable lors du retrait du solde de prix de la vente nette de la compagnie est, dans la plupart des cas, plus élevé à lui seul que le montant qui serait payable lors de la vente des actions puisque, dans ce dernier cas, il s'agit d'un simple gain de capital dont 75 % seulement (taux de 1991) sera ajouté aux autres revenus du vendeur.

Dans le cas de la vente des actions, il n'y a pas deux paliers d'imposition, l'actionnaire étant lui-même le vendeur. Il n'y a pas non plus de récupération d'amortissement, les actions ne constituant pas un bien amortissable.

2. L'impossibilité de bénéficier de l'exemption de gain en capital.

Du moins en 1991, et pour l'avenir prévisible, les résidents canadiens bénéficient d'une exemption d'impôts sur les gains en capital jusqu'à concurrence d'un montant total cumulatif à vie de 100 000 $. Nos lois fiscales prévoient aussi une exemption additionnelle de 400 000 $ (portant l'exemption cumulative totale à 500 000 $) lorsque le gain de capital est le fruit de la disposition des actions admissibles d'une petite entreprise active au Canada.

Cette belle grande phrase signifie simplement que le vendeur des actions d'une PME peut bénéficier d'une exemption totale d'impôt sur le gain de capital sur les premiers 500 000 $ de gains réalisés lors de la vente des actions de sa compagnie.

En 1991, le montant d'impôts économisé peut atteindre environ 190 000 $ pour un résident du Québec.

Évidemment, le vendeur doit rencontrer certains critères pour avoir droit à cette exemption (d'où l'utilité de consulter un fiscaliste au moment de la transaction), mais plusieurs dirigeants de PME y ont accès. Il est même possible d'accroître le montant de cette économie dans certains cas, notamment si les actions vendues appartiennent à plusieurs personnes (de la même famille).

Il est maintenant facile de comprendre l'intérêt souvent très prononcé du vendeur pour la vente des actions plutôt que de l'actif. Cependant, tout comme pour l'acquéreur, il faudra analyser la situation de chaque vendeur sur une base individuelle, et ne pas conclure nécessairement que la vente des actions constitue l'option la plus favorable.

Entre autres, si la vente ne concerne qu'une partie des biens de la compagnie ou si l'actionnaire a déjà utilisé en entier son exemption d'impôt sur le gain en capital, il est possible que la vente de l'actif soit fiscalement moins coûteuse pour lui que la vente des actions. Nous devons reconnaître qu'il s'agit cependant là de cas d'exception, la vente des actions étant le plus souvent le choix le plus intéressant pour le vendeur.

E. Le mot final : une structure permettant de maximiser et de partager les bénéfices et les risques de la transaction

L'acheteur ayant le plus souvent intérêt à acheter l'actif et le vendeur à vendre les actions, comment en arriver à conclure une entente entre les deux parties ?

En utilisant d'abord des ressources professionnelles qualifiées (notamment des fiscalistes), qui évalueront précisément les conséquences fiscales (incluant celles reliées à la taxe de vente et aux droits de mutation) des différents scénarios possibles, autant pour le vendeur que pour l'acquéreur.

Une fois cette évaluation faite, ces fiscalistes choisiront le scénario occasionnant le moindre coût fiscal total pour le vendeur et l'acquéreur ; il pourra comprendre des mécanismes permettant de réduire encore davantage le coût fiscal total de la transaction.

Il existe des mécanismes permettant d'éviter la taxe de vente provinciale ou les droits de mutation lors de la vente de l'actif, ou de tirer le meilleur avantage possible de la réévaluation de l'actif, ou encore de réduire les inconvénients pour le vendeur de la vente de l'actif. Inversement, certains autres mécanismes permettront une réévaluation de l'actif lors d'une vente d'actions et le financement d'une transaction d'achat d'actions sur la garantie de l'actif de la compagnie acquise.

Ce travail terminé, les parties pourront négocier entre elles pour adopter le scénario le plus avantageux tout en se partageant équitablement les bénéfices tirés de ce scénario. Si la vente d'actions est retenue comme le scénario le plus approprié, le prix de vente pourra être réduit quelque peu pour tenir compte du fait que le vendeur bénéficie d'économies fiscales importantes, alors que l'acheteur renonce de son côté à certains avantages inhérents à l'acquisition de l'actif.

Il s'agit d'une situation où les deux parties peuvent profiter encore plus de la situation en prenant soin de chercher d'abord à accroître la taille du gâteau (par la diminution des coûts fiscaux) avant de se le partager de façon équitable.

CHAPITRE

5

Comment finance-t-on une acquisition ?

A. Introduction 90

B. La mise de fonds de l'acquéreur 90

C. Les institutions financières traditionnelles 91

D. Le solde de prix de vente 91

E. Les entreprises de capital de risque 93

F. L'octroi de participations dans l'entreprise cible
ou dans celle de l'acquéreur 94

G. Le paiement du prix d'achat par
l'émission d'actions 94

H. La revente d'une partie de l'entreprise acquise 95

I. Les principaux critères d'obtention
d'un financement 96

Conclusion 99

A. Introduction

Le prix d'achat d'une entreprise, comme celui d'un immeuble, représente souvent un montant élevé dont une portion importante doit faire l'objet d'un ou plusieurs emprunts. Le financement d'une portion du prix d'achat fait partie intégrante de la très grande majorité des transactions d'acquisition. C'est pourquoi nous ferons maintenant un survol des principales méthodes dont dispose l'acquéreur pour financer l'achat d'une entreprise.

Rappelons que la mécanique du financement d'une acquisition devrait être confiée à des experts. La sélection et l'exécution d'une mécanique de financement pourra nécessiter le concours de plusieurs personnes, depuis les représentants et conseillers du prêteur jusqu'au fiscaliste et à l'avocat spécialisé en acquisition qui représenteront l'acquéreur.

Je m'aperçois, acquisition après acquisition, qu'il ne semble y avoir aucune limite à la créativité dont peuvent faire preuve les véritables spécialistes en matière de financement afin de permettre la conclusion de transactions parfois très complexes et très délicates.

Nous ne toucherons dans ce chapitre que les principales sources de financement utilisées dans le cadre d'acquisitions d'entreprises. Il faut savoir que de nouvelles sources voient le jour régulièrement selon les besoins du marché et des acquéreurs et que, dans bon nombre de situations, il est possible de faire appel à des sources qui ne sont pas mentionnées ci-après.

B. La mise de fonds de l'acquéreur

La première source utilisée pour acquitter, du moins en partie, le prix d'achat demeure évidemment la mise de fonds de l'acquéreur.

Celui-ci devra bien planifier le montant de cette mise afin, d'une part, d'investir une somme suffisante pour démontrer sa crédibilité et sa confiance dans le projet et, d'autre part, pour faciliter l'obtention du reste du finan-cement, puisque la très vaste majorité des prêteurs exigera une mise de fonds initiale jugée acceptable avant de s'engager. Compte tenu que l'acquéreur place ainsi à long terme des ressources financières dont il pouvait jusqu'alors disposer à court terme, il devra s'assurer de conserver suffisamment de liquidités pour faire face aux besoins à court terme de l'entreprise acquise et de sa propre entreprise, ainsi qu'aux frais (parfois très élevés) et aux aléas (puisqu'il y en a presque toujours) de la transaction.

Comme certaines transactions l'ont démontré avec éloquence, il est toujours préférable qu'un acquéreur se conserve un certain coussin financier à court terme de façon à ne pas avoir à faire face à des problèmes sérieux de liquidités en cas d'imprévu.

C. Les institutions financières traditionnelles

Avec la mise de fonds de l'acquéreur, les prêts obtenus d'institutions financières traditionnelles (banques, caisses populaires et certaines compagnies de fiducie ou d'as-surances) constituent les sources les plus habituelles de financement du prix d'achat.

Nous verrons un peu plus loin dans ce chapitre les principaux critères sur lesquels s'appuient les prêteurs commerciaux pour l'octroi de ce type de financement mais, pour ce qui est de la forme, il s'agit le plus souvent d'un prêt à terme garanti par l'actif de l'entreprise acquise et accordé sur la base de la confiance de l'institution finan-cière dans la qualité de la gestion de l'acquéreur. L'ob-tention de ce prêt peut nécessiter que l'acquéreur accorde aussi des sûretés sur ses biens et sur ceux de sa propre entreprise.

D. Le solde de prix de vente

Il s'agit d'une source de financement souvent utilisée, mais encore trop peu à mon avis. À moins que le vendeur n'ait besoin de recevoir immédiatement la totalité du prix d'achat pour réaliser d'autres projets ou pour régler ses propres dettes, je crois que le financement par solde de prix de vente demeure l'un des plus faciles à obtenir et l'un des moins contraignants pour l'acheteur.

Pour le vendeur qui accorde un tel financement, il est souvent possible de retarder l'imposition du gain réalisé par la vente par des réserves tenant compte du fait qu'il n'a pas reçu la totalité du prix d'achat. Ce solde peut constituer pour lui un investissement profitable.

Le financement par solde de prix de vente peut également servir à une autre fin, soit assurer le respect par le vendeur de ses représentations, garanties et engagements en vertu de l'acte de vente. S'il doit recevoir par la suite une partie du prix d'achat, il a intérêt à respecter ses obligations et engagements afin d'éviter que l'acquéreur en décide autrement.

Prenons un exemple.

Dans le contexte d'une vente des actions de sa compagnie, M. Lavigueur s'est engagé vis-à-vis de l'acheteur, Mme Tremblay, à assumer les conséquences de l'imposition de toute nouvelle cotisation fiscale pour des périodes antérieures à la vente. Or, un an plus tard, le ministère du Revenu décide de refuser une déduction réclamée par la compagnie pour l'année précédant la vente et taxe la compagnie d'un impôt supplémentaire de 3 500 $. Cependant, s'étant retiré des affaires, M. Lavigueur vit maintenant en Floride, n'a plus aucun actif ou revenu au Québec et estime que la transaction s'est révélée tellement profitable pour Mme Tremblay qu'il ne désire pas lui rembourser le montant de la cotisation.

Il s'agit d'un cas où l'investissement et les dépenses nécessaires pour percevoir la somme de M. Lavigueur dépasseront, selon toute vraisemblance, le montant dû selon le contrat. Dans la presque totalité des cas de cette nature, l'acquéreur assume le coût en dépit du texte du contrat. La situation serait très différente si Mme Tremblay devait encore 45 000 $ sur le prix d'achat et si le contrat contenait les clauses appropriées à cette situation. Avec un tel contrat et un tel solde à payer, Mme Tremblay n'aurait qu'à déduire le montant de la cotisation fiscale de ses paiements à M. Lavigueur, évitant ainsi les problèmes et les coûts inhérents au recouvrement de cette somme.

E. Les entreprises de capital de risque

Une autre source de financement à considérer à l'occasion de certaines acquisitions est sans aucun doute d'un genre plus limité et spécialisé. Il s'agit des prêts avec participation et de l'investissement dans le capital de l'acquéreur ou de l'entreprise par une entreprise de capital de risque.

Ces entreprises gèrent des fonds qui leur appartiennent parfois en propre, mais plus souvent ils leur sont confiés pour investissement par de grands investisseurs (comme des compagnies d'assurances et des fonds de pension). Elles sont en général dirigées par des gestionnaires de haut niveau qui placent ces sommes dans des projets qu'ils estiment prometteurs.

Comme leur nom l'indique, ces entreprises investissent dans des entreprises ou des projets présentant un certain degré de risque, et elles attendent généralement un rendement sur leur investissement beaucoup plus élevé que l'intérêt sur un prêt traditionnel. En fait, il n'est pas rare que le rendement visé par une entreprise de capital de risque soit deux fois plus élevé, et parfois plus encore, que le taux d'intérêt préférentiel des grandes banques.

Aussi, et parce que les gestionnaires ne peuvent pas connaître parfaitement tous les secteurs d'activité, la majorité de ces entreprises se spécialise dans un certain nombre de secteurs d'activité et adopte des critères de sélection stricts quant aux transactions dans lesquelles elles accepteront de s'engager.

Plusieurs entreprises de capital de risque établissent un minimum et un maximum de financement qu'elles sont disposées à consentir, des secteurs d'activité préférés et d'autres dans lesquels elles ne cherchent pas à investir, des phases de développement acceptables et d'autres qui ne le sont pas (par exemple plusieurs entreprises de capital de risque ne veulent pas investir dans le démarrage de nouvelles entreprises, alors que certaines ne désirent pas acquérir une partie des actions détenues par un chef d'entreprise qui a l'intention de se retirer graduellement avec le produit de la vente).

Il faut savoir que ces entreprises n'acceptent qu'une très faible proportion des nombreux projets qui leur sont présentés chaque année.

F. L'octroi de participations dans l'entreprise cible ou dans celle de l'acquéreur

L'acquéreur devrait normalement investir au moins 25 % du prix d'achat comme mise de fonds. Devant un projet intéressant, si un acheteur constate qu'il n'a pas les disponibilités requises pour faire la mise de fonds ou qu'il serait périlleux pour lui d'investir ce montant à long terme, il peut envisager sérieusement de s'associer avec au moins un partenaire qui accepte de verser une partie de la mise de fonds en contrepartie d'une participation soit dans la nouvelle entreprise, soit dans celle qu'il détient déjà.

Les sources de partenariat dans des projets semblables sont multiples. Il peut s'agir de relations d'affaires, de contacts, d'amis, de fournisseurs, de clients, d'employés de l'entreprise de l'acquéreur, ou encore, de cadres ou d'employés de l'entreprise acquise qui apprécieront la possibilité de participer au capital de leur entreprise.

G. Le paiement du prix d'achat par l'émission d'actions

Une autre façon de financer une partie du prix d'achat, c'est de procéder au paiement par l'émission, au vendeur, d'actions de l'acquéreur ou de l'entreprise cible.

Cette méthode de financement est une combinaison du solde de prix de vente et de l'octroi de participations dans l'entreprise cible ou dans l'entreprise de l'acquéreur.

H. La revente d'une partie de l'entreprise acquise

Une autre possibilité de financement consiste dans la revente, par l'acquéreur, d'une partie de l'entreprise ou des biens acquis.

Une entreprise acquise peut posséder certains investissements (par exemple une filiale, une participation dans une autre entreprise ou des placements) ou des biens (immeubles ou équipements excédentaires) dont l'acquéreur n'a pas vraiment besoin. L'acquéreur peut alors envisager la possibilité de revendre, tout de suite après l'acquisition, une partie de ces investissements ou de ces biens à une autre entreprise. La somme ainsi reçue pourra servir à rembourser une partie des emprunts contractés pour payer l'acquisition ou une partie du solde de prix de vente.

Principales sources de financement à considérer lors d'une acquisition

1. La propre mise de fonds de l'acquéreur ;

2. Prêts obtenus auprès d'institutions financières ou d'autres personnes ;

3. Solde de prix de vente payable à terme ;

4. Financement avec participation d'une entreprise acquise ou dans l'entreprise de l'acquéreur ;

5. Octroi de participations dans l'entreprise acquise ou dans l'entreprise de l'acquéreur ;

6. Paiement d'une partie du prix d'achat par l'émission d'actions de l'entreprise de l'acquéreur ou de l'entreprise acquise ;

7. Revente d'une partie de l'entreprise acquise ou de biens lui appartenant.

Cette technique a été largement utilisée par certains « pillards de société » au cours des dernières années. Ils l'utilisaient dans le but de payer le prix d'achat en entier, ou presque, par la revente de portions des entreprises acquises, dont ils ne conservaient finalement qu'une partie qui ne leur avait alors rien coûté. Cette façon de procéder a eu des effets économiques parfois désastreux en raison du démantèlement d'entreprises auparavant fort solides et des décisions prises par les nouveaux propriétaires afin de maximiser les profits et le flux monétaire à court terme, même au péril de la survie à long terme de l'entreprise cible.

Par contre, cette technique peut se révéler fort efficace et réussir dans d'autres transactions dont les buts sont beaucoup moins discutables.

Un acquéreur peut y recourir lorsque certains biens de l'entreprise acquise ne lui sont pas nécessaires ou peuvent être revendus sans nuire à la viabilité ou à la rentabilité de l'entreprise elle-même.

I. Les principaux critères d'obtention d'un financement

Principalement en ce qui concerne la partie du financement qui sera obtenue par voie d'emprunts auprès d'institutions financières traditionnelles, selon quels critères la demande de prêt de l'acquéreur sera-t-elle évaluée ?

Sans entrer dans les détails techniques relatifs à la façon dont les garanties requises par les prêteurs pourront être prises, voyons les principaux éléments que considérera généralement un prêteur avant de se décider et de fixer le montant du financement qu'il accordera.

1. La solidité du projet et la qualité de la préparation du dossier de l'acheteur.

Le premier objectif de tout prêteur commercial est d'obtenir le remboursement de son prêt et des intérêts convenus sans devoir exécuter ses garanties.

Le premier niveau d'analyse de la demande d'emprunt consiste à s'assurer que le projet à financer (l'acquisition) a été solidement préparé et planifié et présente de sérieuses chances de succès.

2. La qualité de la gestion de l'acquéreur.

Un deuxième critère d'évaluation, qui découle des mêmes préoccupations que le précédent, concerne la confiance du prêteur dans la qualité de la gestion et la compétence des gestionnaires de l'acquéreur.

3. La qualité de la gestion de l'entreprise après son acquisition.

Un autre facteur important dans la décision du prêteur concerne plus spécifiquement la qualité de la gestion de l'entreprise après son acquisition.

À moins que l'entreprise acquise œuvre dans le même marché et le même secteur d'activité que celle de l'acquéreur et qu'elle soit entièrement intégrée à cette dernière, le prêteur se souciera de la qualité de sa gestion, celle-ci pouvant avoir un impact direct et important sur les chances de succès ou les risques d'échec de l'acquisition. D'autant plus que si les gestionnaires de l'acquéreur ne possèdent pas une grande expertise dans le domaine d'activité et le marché dans lequel œuvre l'entreprise acquise, ils seront mal placés pour en évaluer rapidement la qualité de gestion.

Le fait que l'entreprise de l'acquéreur soit bien gérée par des dirigeants compétents et qualifiés n'est cependant pas toujours le gage qu'il en sera de même de l'entreprise acquise, d'où cette préoccupation du prêteur. À plus forte raison si la déconfiture éventuelle de l'entreprise acquise s'avère la source de problèmes majeurs qui peuvent toucher l'acquéreur.

4. L'actif de l'entreprise acquise et de celle de l'acquéreur.

Ce n'est qu'à ce quatrième niveau d'analyse que le prêteur s'interrogera sur les garanties matérielles qui pourront assurer son prêt en cas de défaut de remboursement par l'acquéreur.

Très souvent l'acquéreur cherchera à offrir au prêteur des garanties ne portant que sur les biens de l'entreprise acquise et non sur ses biens personnels ou sur ceux de sa propre entreprise. Cette possibilité dépendra beaucoup des trois facteurs précédents, de la négociation entre l'acquéreur et le prêteur, ainsi que de l'importance et de la valeur des éléments d'actif de l'entreprise acquise qui ne sont pas déjà l'objet de financement.

Critères d'évaluation d'une demande de financement pour une acquisition

1. Solidité et viabilité de l'entreprise acquise ;

2. Qualité du travail de préparation de l'acquéreur ;

3. Chances de succès de l'acquisition ;

4. Crédibilité financière de l'acquéreur ;

5. Qualité de la gestion et compétence des gestionnaires de l'acquéreur ;

6. Qualité prévisible de la gestion de l'entreprise acquise une fois l'acquisition faite ;

7. Garanties corporelles disponibles pour assurer le financement.

Dans les autres cas, l'acquéreur devra s'engager plus directement dans la garantie de l'emprunt en fournissant des garanties personnelles de son remboursement et en consentant des sûretés sur les biens de son entreprise, parfois même sur ses biens personnels.

La qualité du projet et ses perspectives de succès, sa crédibilité, la solidité et le potentiel de l'entreprise cible ainsi qu'une bonne négociation sont autant de conditions qui lui permettront de minimiser son engagement et celui de son entreprise.

L'apport de conseillers financiers et juridiques compétents pourra d'ailleurs lui être d'un grand secours dans ces deux négociations cruciales.

Conclusion

Dans ce chapitre, nous avons fait un survol de certains modes de financement utilisés en matière d'acquisition d'entreprises. Dans ce survol, afin de ne pas perdre de vue le sujet de ce livre et aussi pour fins de concision, j'ai volontairement omis de traiter des différentes méthodes utilisées par une institution financière pour obtenir des sûretés sur les biens d'une entreprise et des modes d'investissement d'une entreprise de capital de risque.

Pour les mêmes raisons, je n'ai pas non plus traité de plusieurs autres sources de financement d'entreprises, dont certaines sont pourtant fort utiles et importantes. Dans cette catégorie se retrouvent la Banque fédérale de développement, la Société de développement industriel du Québec, la Caisse de dépôt et placement du Québec, le Fonds de solidarité des travailleurs, ainsi que différents véhicules permettant aux investisseurs de bénéficier d'avantages fiscaux (songeons aux S.P.E.Q. et à la possibilité, beaucoup moins populaire depuis 1987, d'émission publique d'actions sous le Régime d'épargne-actions du Québec, et autres).

Si vous désirez approfondir cette question du financement, je vous suggère, dans un premier temps, de lire des publications sur ce sujet. Il en existe d'excellentes, notamment l'une publiée par la Chambre de commerce du Montréal métropolitain (*Répertoire des principales sources de financement*) et une autre par la firme comptable Raymond, Chabot, Martin, Paré (le *Guide Argent*).

Prenez cependant soin de limiter votre lecture à des publications du Québec, sauf si l'entreprise acquise possède des places d'affaires ailleurs, car les types de sûretés et les règles les régissant au Québec ne sont pas du tout les mêmes que partout ailleurs en Amérique du Nord.

Si vous désirez approfondir davantage ce sujet, je vous suggère de consulter un spécialiste en matière de financement qui pourra répondre à vos questions et vous guider dans l'obtention d'un financement adapté précisément à vos besoins et à votre projet.

CHAPITRE

6

Les négociations d'affaires et l'entente de principe

A. Introduction 102

B. Les premières négociations d'affaires :
établir un climat de confiance et de saines
règles du jeu 102

C. La recherche de renseignements :
quoi rechercher et comment s'y prendre ? 105

D. L'engagement de confidentialité 109

E. La recherche d'options permettant de mieux
satisfaire les intérêts des parties 109

F. L'entente de principe et la lettre d'intention 112

G. L'élaboration et la négociation de la structure et
des modalités de la transaction 116

A. Introduction

À la fin du chapitre 3, nous en étions rendus aux premières rencontres avec les propriétaires d'une entreprise cible qui semblait répondre aux critères de la grille d'évaluation que l'acquéreur avait pris soin de préparer. Les deux buts avoués de ces rencontres préliminaires étaient d'intéresser ces propriétaires à discuter de la vente de leur entreprise et de confirmer certains renseignements et d'en obtenir de nouveaux.

Évidemment si les propriétaires de l'entreprise cible refusent carrément de discuter de la vente ou d'une autre entente (par exemple une fusion) permettant à l'acheteur d'atteindre les objectifs visés, il faut alors reprendre la recherche afin de dénicher une autre entreprise cible intéressante. Par contre, si les vendeurs potentiels approchés se montrent intéressés à poursuivre des discussions, quelles sont les étapes suivantes du processus d'achat ?

B. Les premières négociations d'affaires : établir un climat de confiance et de saines règles du jeu

À compter du moment où un vendeur potentiel manifeste un certain intérêt à discuter plus avant, les premiers objectifs devraient être les suivants :

1. Établir et consolider une relation de confiance ;

2. Chercher à connaître les besoins, les attentes, les objectifs et les préoccupations du vendeur concernant la vente de son entreprise ;

3. Convenir rapidement, avec le vendeur, de certaines règles du jeu qui permettront aux parties de maintenir un sain climat de négociation ;

4. Obtenir le plus de renseignements possibles sur l'entreprise, de façon à pouvoir agir en toute connaissance de cause au cours des étapes ultérieures du processus.

Le premier de ces objectifs (l'établissement d'un climat de confiance) devra faire l'objet d'une attention toute particulière de la part de l'acquéreur, surtout au moment des premières rencontres avec le vendeur.

Ce climat de confiance devrait être assez fort pour que, à la suite de ces premiers contacts, le vendeur soit intéressé non seulement à la vente de son entreprise, mais plus spécifiquement à la vendre à l'acquéreur qui a su lui donner confiance dans sa capacité et sa volonté de mener à bien les destinées de cette entreprise.

Quant au deuxième objectif (la recherche des besoins, des attentes, des objectifs et des préoccupations du vendeur), il est aussi important qu'évident. Les chances de succès d'une transaction d'achat d'entreprise sont directement proportionnelles à la satisfaction des besoins et des attentes légitimes du vendeur. Or, comment l'acquéreur pourrait-il soumettre des propositions qui y répondent adéquatement s'il n'a pas d'abord pris soin de les connaître ?

Le troisième objectif (convenir rapidement, avec le vendeur, de certaines règles du jeu) vise à prévenir certaines difficultés pouvant survenir au cours des négociations et à améliorer ainsi le climat de confiance entre les parties. Ces règles pourront comprendre les sujets suivants :

a) La confidentialité des discussions.

Je vous réfère au chapitre 3 où nous avons déjà traité de ce sujet et de son importance, surtout pour le vendeur.

b) L'exclusivité des discussions.

Il est malheureusement déjà arrivé que des vendeurs approchés décident de mener un jeu d'enchères entre plusieurs acheteurs intéressés ou qu'eux-mêmes suscitent l'intérêt d'autres acheteurs à l'aide des propositions du premier intéressé.

Du côté de l'acheteur, il s'agit évidemment d'un procédé très dangereux, surtout lorsqu'il l'ignore. L'approche et les techniques de négociation sont fort différentes lorsqu'on se trouve dans un contexte d'enchères plutôt que dans un contexte de négociation de personne à personne. Dans un contexte d'enchères, on se préoccupe de connaître ses concurrents et de prévoir leurs gestes et propositions, ce qui n'est évidemment pas nécessaire dans une négociation à deux parties (vendeur et acheteur).

Si le vendeur utilise les propositions de l'acheteur pour faire monter des enchères ou pour susciter d'autres offres et que ce dernier l'ignore, il est à peu près certain que l'approche de l'acheteur initial échouera, ses compétiteurs possédant alors une longueur d'avance sur lui du simple fait qu'ils connaissent sa proposition.

Ce problème est considéré comme suffisamment important par plusieurs professionnels de l'acquisition pour qu'ils refusent de participer à de telles enchères.

Que l'acquéreur décide d'y participer ou non, il doit le faire en toute connaissance de cause. Sa préoccupation première devra être de savoir le plus rapidement possible si un tel processus aura lieu ou non.

Il devrait, à tout le moins, obtenir l'engagement qu'il sera avisé immédiatement si le vendeur entreprend des discussions avec d'autres personnes.

c) L'établissement d'un échéancier et d'un plan de discussions.

Dès que les discussions dépassent le stade de l'établissement d'un bon climat de confiance et des échanges d'intentions, l'acquéreur doit définir rapidement, de concert avec le vendeur, les modalités de discussions et un échéancier.

L'expérience démontre qu'à partir du moment où le vendeur se montre vraiment intéressé à vendre son entreprise, le temps joue contre l'acquéreur.

Ce dernier conviendra avec le vendeur, sans le presser

indûment, d'un échéancier qui assure le sain déroulement des négociations. Ce délai doit permettre aux deux parties de savoir rapidement si une transaction peut vraiment être conclue.

L'acquéreur profitera également de cette discussion pour établir certaines modalités du déroulement des discussions : moment, lieu, participants, sujets, agenda, et autres.

C. La recherche de renseignements : quoi rechercher et comment s'y prendre ?

À compter du début de la phase des négociations sérieuses jusqu'au moment de la signature de l'acte de vente, le processus de recherche de renseignements de l'acheteur doit être continu et organisé.

Tout d'abord il doit être continu parce que la divulgation de renseignements par le vendeur se fera sans doute de façon progressive. Très peu de vendeurs se montreront disposés à dévoiler dès les premiers contacts tous les renseignements désirés.

Aussi il importe que l'acquéreur établisse au départ la liste des renseignements qu'il veut obtenir, qu'il la révise et la maintienne constamment à jour à la lumière des renseignements reçus et des nouvelles interrogations qui lui viennent à l'esprit. Il notera tous les renseignements obtenus, ces notes pouvant lui être fort utiles au moment de la préparation de l'offre d'achat, de la vérification pré-clôture et lors des discussions avec le vendeur.

Le maintien et le suivi d'un processus de cueillette d'informations bien organisé par l'acquéreur et son équipe d'acquisition constituera très souvent l'une des meilleures garanties contre les mauvaises surprises et l'un de ses meilleurs outils de négociation avec le vendeur.

En fait, lors de la préparation de l'offre d'achat et, encore plus, lors des dernières vérifications, il arrive relativement souvent (selon mon expérience, dans plus de la moitié des transactions) de découvrir des situations jusqu'alors inconnues qui peuvent avoir un impact sur la vente ou sur le prix que l'acheteur est disposé à payer.

Si, grâce aux notes recueillies, conservées et bien organisées, l'acquéreur est en mesure de démontrer que ces situations n'ont pas été révélées antérieurement ou que le vendeur avait faussement déclaré que l'entreprise cible n'avait pas de problèmes, il se trouve dans une position de force pour renégocier certains aspects de la vente (dont le prix, les conditions de paiement ou les garanties accordées par le vendeur). Il en est autrement si les deux parties doivent s'en remettre à leurs souvenirs respectifs des premières communications.

Un acquéreur prudent ne limitera pas ses sources d'information au seul vendeur. Comme nous l'avons déjà noté au chapitre 3 dans les commentaires sur le processus de recherche et de première évaluation, plusieurs renseignements peuvent être obtenus de sources externes. S'il n'a pas préalablement obtenu ces renseignements, il a tout intérêt à le faire à cette étape-ci.

Quels renseignements un acquéreur avisé devrait-il obtenir du vendeur et à quel moment ? À cet égard, je diviserais le processus de recherche de renseignements en trois phases :

- La phase préalable aux engagements de principe de l'acheteur ;

- La phase préalable au dépôt d'une offre d'achat formelle ;

- La phase pré-clôture.

Les renseignements et les vérifications pré-clôture faisant l'objet du chapitre 8, il est prématuré d'en traiter ici.

Au cours de la première phase, celle précédant les engagements de principe de l'acheteur, l'acheteur doit obtenir tous les renseignements qui répondent de façon satisfaisante aux questions suivantes :

1. L'entreprise cible correspond-elle aux critères de sélection décrits dans la grille d'évaluation ?

2. L'entreprise cible fait-elle face à des difficultés qui pourraient avoir un impact important sur sa décision ou sur le prix d'achat proposé ?

3. Y a-t-il des obstacles qui pourraient empêcher ou limiter la possibilité d'acquisition de l'entreprise cible ?

4. Sur quelles bases devrait être établi un prix d'achat raisonnable et quels sont les renseignements requis pour faire ce calcul ?

5. Quels sont les principaux éléments de la situation fiscale du vendeur, de l'acquéreur et de l'entreprise cible qui méritent d'être considérés au moment de la mise en place de la structure de la transaction ?

Avant même de contracter ne serait-ce que des engagements de principe, l'acheteur devrait déjà, à mon avis, bien saisir et comprendre les réponses à cette première série d'interrogations.

Dès ce stade, il devrait être raisonnablement convaincu que l'entreprise cible peut répondre à ses besoins et objectifs, et qu'il est possible d'en arriver avec les vendeurs à une entente sur le prix et les autres conditions de vente.

Dans la seconde phase (la préparation d'une offre d'achat), l'analyse de l'acquéreur devra être beaucoup plus factuelle et complète. Il n'est plus ici question de principes et d'intérêts généraux, mais de données précises et de chiffres.

Sans pour cela en arriver à l'analyse détaillée qui suit l'acceptation de l'offre d'achat mais précède la signature de l'acte de vente, l'acheteur doit connaître suffisamment bien l'entreprise cible pour prendre la décision ferme de l'acquérir ainsi que de payer le prix qui sera inscrit sur l'offre d'achat.

Comme nous le verrons au chapitre suivant, la préparation de l'offre d'achat doit contenir toutes les modalités de la vente proposées par l'acquéreur. Si ce dernier ignore des faits importants, il doit en faire une condition spécifique de son offre au risque d'avoir ensuite à conclure la transaction même si cette lacune diminue considérablement son intérêt à acquérir l'entreprise cible. Le recours à des conseillers et experts en acquisitions est ainsi primordial avant même que ne soit déposée une offre d'achat.

Le vendeur ne sera-t-il pas réticent à fournir tous ces renseignements à un acquéreur qui n'a encore pris aucun engagement ? Certains renseignements demandés par l'acquéreur potentiel ne sont-ils pas confidentiels ? Que faire si le vendeur refuse de fournir certains renseignements jugés importants par l'acquéreur ?

Toutes ces questions, et plusieurs autres, peuvent être réglées par l'approche de l'acheteur et par certains outils que nous verrons ci-après.

Nous avons discuté au chapitre 3 de l'importance pour l'acquéreur de se faire valoir et de bien démontrer au vendeur son sérieux et celui de son projet d'achat. Il faudra que le vendeur acquiert dès lors une confiance minimale pour consentir à faire au moins une première divulgation de renseignements non confidentiels nécessaires pour que l'acheteur, à son tour, confirme son intérêt à passer aux phases suivantes du processus.

Des renseignements généraux sur l'état des affaires, la progression de l'entreprise cible, les points forts de sa situation financière et de ses perspectives d'avenir, et certaines données générales sur son actif pourront souvent être divulgués dès cette étape sans trop de risque pour le vendeur.

Si l'acquéreur n'est toujours pas en position de confirmer son intérêt sans avoir d'abord obtenu d'autres renseignements jugés importants, mais que le vendeur considère confidentiels, il faudra alors recourir aux moyens énumérés ci-dessous.

D. L'engagement de confidentialité

Un moyen de favoriser la divulgation de renseignements jugés confidentiels par le vendeur, est la signature par l'acheteur d'un engagement de confidentialité.

Cet engagement ne remplace pas la confiance élémentaire que le vendeur doit avoir dans l'acquéreur et dans le sérieux de son approche ; il vise tout simplement à faciliter la divulgation de renseignements confidentiels à un acheteur considéré sérieux.

Il s'agit d'un document signé par l'acheteur potentiel, qui s'y engage à ne pas utiliser à d'autres fins et à ne pas divulguer les renseignements dévoilés par le vendeur sous le sceau de cette confidentialité. Il est souvent assorti de clauses permettant au vendeur de faire valoir des droits et des recours fort importants contre l'acquéreur si celui-ci ne respecte pas ses engagements. Ces clauses peuvent prévoir des recours en saisie et en injonction de la part du vendeur et aussi contenir une clause pénale en vertu de laquelle l'acquéreur convient de payer au vendeur une pénalité pour toute infraction à l'entente.

E. La recherche d'options permettant de mieux satisfaire les intérêts des parties

Au moment où les parties engageront leurs négociations sur les conditions et les modalités de la vente, il est important que l'acquéreur ait une vision des choix et des options qui s'offrent à lui et au vendeur pour répondre à leurs besoins respectifs au delà de la seule négociation sur le prix de vente.

Il est très rare qu'un vendeur et un acheteur arrivent à s'entendre rapidement et facilement sur un prix. C'est là, me direz-vous, le jeu de la négociation. Peut-être bien, mais il y a plus. La plupart des vendeurs (de façon souvent inconsciente) incluent dans la détermination de leur prix plusieurs éléments intangibles, par exemple le temps qu'ils ont consacré à l'entreprise, les perspectives d'avenir qu'ils entrevoient souvent beaucoup plus prometteuses que les données purement factuelles ne le justifient, leurs objectifs personnels ainsi que leurs propres besoins de sécurité et de revenu une fois la vente terminée.

Si l'acquéreur se limite à vouloir convenir d'un prix d'achat acceptable sans ouvrir la porte à des possibilités qui rendent la transaction plus attrayante pour le vendeur, il risque fort de se retrouver dans une épreuve de force dont l'une des parties, ou les deux, sortira perdante. Lorsque cela se produit, la qualité et les chances de succès de la transaction finale, s'il y a d'ailleurs transaction finale, s'en ressentiront presque toujours.

Quelles sont ces autres options et possibilités ?

Elles sont diverses et dépendent largement de la situation de l'entreprise cible et de la situation en général, des intérêts véritables et des objectifs du vendeur.

Voyons un exemple vécu récemment.

Dans la négociation d'une vente, le vendeur exigeait un prix de 1 million $, alors que l'acheteur ne voulait pas dépasser 780 000 $. Au cours des discussions, l'acheteur apprit que, pour des raisons qui dépassaient le contexte de la vente, le vendeur devait montrer dans ses livres que la vente avait été faite pour un montant d'au moins 1 million $. Par ailleurs, le vendeur reconnaissait que l'offre de 780 000 $ reflétait relativement bien la juste valeur marchande de l'entreprise.

Après une étude plus poussée de la situation du vendeur et des raisons qui l'incitaient à obtenir au moins 1 million $, les conseillers de l'acquéreur arrivèrent à une structure de transaction où le prix de vente montré au contrat était de 1 million $, rencontrant le besoin du vendeur. Par contre, les modalités de paiement (solde du prix de vente payable sur 12 ans, portant un taux d'intérêt variable équivalent en moyenne à la moitié du taux auquel l'acquéreur aurait dû financer le prix d'achat auprès d'une institution financière) ramenaient la valeur de ce prix à 780 000 $. Sur le plan strictement financier, les sorties de fonds que devait faire l'acheteur pour payer ce prix d'achat ainsi que les intérêts sur ce prix étaient plus ou moins équivalents aux sommes qu'il aurait dû débourser en capital et intérêts pour rembourser un emprunt bancaire de 780 000 $.

En planifiant les modalités de paiement du prix pour régler leur divergence, les parties ont pu conclure la vente et l'acheteur a évité toutes les démarches, discussions et frais qui auraient été autrement nécessaires pour l'obtention d'un financement. Encore mieux, l'acheteur a convenu avec le vendeur d'un échelonnement progressif des paiements (c'est-à-dire que le montant des versements allait en croissant d'une année à l'autre pour permettre à l'acquéreur de bénéficier de liquidités plus importantes les premières années), ce qui aurait été presque impossible à obtenir d'une institution financière.

Il faut noter que la structure de la transaction et l'échelonnement du prix d'achat ont dû tenir compte des incidences fiscales de la structure retenue pour les deux parties puisque le paiement, même à terme, d'un prix de 1 million $ à un taux d'intérêt réduit ne présente pas le même coût fiscal pour l'acheteur que le paiement d'un prix moindre avec un taux d'intérêt plus élevé, et ce, même si les sorties de fonds sont identiques.

Il y avait, dans cette structure, un coût fiscal éventuel pour l'acheteur et une économie équivalente pour le vendeur, dont il a fallu tenir compte dans l'élaboration des modalités de paiement pour rétablir l'équilibre entre les parties.

Selon les circonstances propres à chaque transaction, on peut souvent régler une divergence sur le prix d'achat en utilisant un peu de créativité.

L'utilisation de tout outil pour favoriser la conclusion d'une transaction doit dépendre d'une analyse spécifique et complète des besoins de l'acheteur et du vendeur. Dans tous les cas, il faudra sérieusement considérer l'impact fiscal pour chacune des parties : vendeur, acheteur et entreprise cible.

Il est également important de reconnaître et d'accepter qu'il existe des situations où les positions respectives sont vraiment irréconciliables et où une transaction ne peut pas être conclue. La persistance et la créativité de l'acheteur et de ses conseillers pourront réduire de beaucoup les risques qu'un blocage sans issue vienne mettre fin aux discussions.

Mais, avant tout, l'acquéreur devra s'assurer de bien comprendre les intérêts, les objectifs et les préoccupations du vendeur, ainsi que la situation personnelle, financière et fiscale dans laquelle il peut se retrouver à la suite de la transaction. Il pourra alors formuler des solutions qui répondent aux besoins réels du vendeur et non pas, comme cela se produit trop souvent, des propositions qui semblent résoudre le problème apparent sans pour autant répondre aux préoccupations et aux objectifs réels du vendeur.

F. L'entente de principe et la lettre d'intention

À compter du moment où l'acquéreur est en mesure de confirmer, à l'aide des renseignements obtenus, son intérêt à s'engager dans le processus devant mener à l'acquisition, l'étape suivante consiste généralement en la préparation et la signature d'une entente de principe (que l'on désigne parfois sous les noms de « lettre d'intention » ou d'« esquisse de transaction ») établissant les grandes lignes de la transaction.

Pour quelqu'un de peu familier avec les rudiments du domaine de l'acquisition d'entreprises, cette étape peut sembler superflue. N'y aura-t-il pas effectivement une offre d'achat puis un acte de vente ? Pourquoi alourdir encore plus la démarche en y ajoutant l'étape de la rédaction, de la discussion et de la signature d'une entente de principe ?

La justification de la pertinence et de l'utilité de cette étape se trouve surtout dans la complexité que peut prendre une transaction de vente d'entreprise et dans la grande quantité de points qui devront être planifiés, vérifiés, discutés et négociés.

Pour l'acquéreur cela peut signifier que, à défaut d'une entente de principe, il devra prendre un engagement formel (même si cet engagement peut être soumis à certaines conditions) d'acheter et investir dans la préparation et le dépôt d'un offre d'achat sans même savoir si le vendeur et lui peuvent s'entendre sur les grands principes de la transaction.

Encore plus, la préparation et le dépôt d'une offre d'achat laissent supposer que l'acheteur connaît suffisamment la situation financière et comptable du vendeur et de l'entreprise cible pour faire une offre qui tient compte de l'intérêt et des préoccupations légitimes de toutes les parties, puisqu'une offre décrira la structure finale de la transaction. Or ceci est rarement le cas, car peu de vendeurs accepteront de discuter de leur situation financière et fiscale à moins d'avoir l'assurance que la transaction a de bonnes chances de se rendre à terme.

Selon mon expérience, la conclusion d'une entente de principe accélère généralement le processus d'acquisition en l'organisant mieux et en assurant aux parties qu'elles s'entendent bien sur les grandes lignes de la transaction proposée avant d'aborder la discussion des modalités plus précises et de la structure finale de la vente.

Naturellement, il faut éviter les généralités et comprendre que cette étape peut effectivement être parfois superflue et même risquée. Ce sera notamment le cas en ce qui concerne des transactions très simples ou des transactions où l'acheteur choisit d'adopter une stratégie d'approche dynamique en présentant une offre d'achat complète au vendeur sans aucun préliminaire. Cette dernière stratégie d'approche est souvent dangereuse. On ne doit l'utiliser que dans des situations particulières où l'acquéreur connaît suffisamment l'entreprise cible pour se dispenser de vérifications plus complètes et considère qu'il s'agit de l'approche qui présente la plus haute probabilité de réussite.

Pour bien comprendre le danger inhérent à la présentation immédiate d'une offre d'achat, imaginez le cas suivant (que j'ai vu maintes fois se produire lorsque cette stratégie était adoptée).

L'acheteur dépose son offre d'achat, laquelle requiert du vendeur qu'il fasse part de son acceptation ou de son refus dans les cinq jours ouvrables qui suivent. Les cinq jours s'écoulent sans qu'il y ait de réponse. En fait, celle-ci ne vient jamais.

Quelle est alors la position de l'acheteur ? Il ignore si le vendeur ne veut rien entendre ou, à l'autre extrême, refuse tout simplement une condition de l'offre qu'il est parfaitement disposé à modifier. Le vendeur a-t-il même eu le temps de prendre connaissance de l'offre ou ses activités ne lui ont-elles pas laissé le loisir de la lire ? Peut-être que le moment n'est pas opportun et que le vendeur sera disposé à discuter seulement dans un mois ? Peut-être que le vendeur est intéressé à vendre, mais il a trouvé que l'approche était trop rude ?

En adoptant cette stratégie, l'acheteur a probablement mis fin dès le départ à toute possibilité de concrétiser la vente. Ceux qui utilisent régulièrement une telle stratégie, déposent habituellement leur offre en mains propres à l'occasion d'une rencontre avec le vendeur. Ils sont ainsi beaucoup plus en mesure de saisir la réaction initiale de ce dernier et d'atténuer le risque d'absence de réponse.

L'entente de principe constitue ce maillon par lequel le vendeur et l'acquéreur déclarent s'entendre sur les aspects commerciaux majeurs de la transaction qu'ils espèrent voir se réaliser, sans pour autant s'engager définitivement à la conclure.

Compte tenu du fait qu'il ne s'agit que d'une entente préliminaire qui n'engage pas les parties de façon définitive, le texte de ce document devrait être à la fois clair et concis. Trois ou quatre pages suffisent effectivement à décrire la plupart des transactions. Cependant, ceci ne signifie pas que ce texte ne doive pas être revu par un avocat, car il sera très difficile de revenir ultérieurement sur les points qui y sont mentionnés.

En pratique, par l'entente de principe, les parties énoncent les principaux éléments du contenu commercial de la transaction (tels que la nature de la transaction, le prix d'achat ou la façon de l'établir, les principales modalités de paiement si elles font déjà l'objet d'une entente et les grandes étapes d'un échéancier devant mener à la conclusion de la transaction).

Une fois ces éléments fixés, les parties ne s'engageront pas à conclure la transaction mais plutôt à poursuivre de bonne foi des négociations afin de convenir des aspects qui ne font pas encore l'objet d'ententes (comme la structure finale de la transaction, les conditions de vente, les garanties et représentations du vendeur, les sûretés qui seront consenties au vendeur pour le paiement du solde du prix d'achat, et autres détails). L'entente de principe peut prévoir l'exclusivité des négociations, c'est-à-dire que les parties (surtout le vendeur) conviennent de ne pas entreprendre ni poursuivre de négociations aux mêmes fins avec d'autres personnes ou entreprises et s'engagent à préserver la confidentialité de leurs discussions.

Enfin, et c'est là l'un des aspects les plus utiles pour l'acquéreur, l'entente de principe prévoit les principales conditions que l'acheteur fixera au dépôt d'une offre d'achat. L'une de ces conditions est la divulgation étendue de renseignements par le vendeur. Évidemment, ceux-ci feront aussi l'objet d'engagements de confidentialité de la part de l'acquéreur.

L'entente de principe est d'une durée limitée, après quoi les engagements réciproques des parties (sauf les engagements de confidentialité) prennent fin, à moins

115

qu'une offre d'achat formelle n'ait été déposée par l'acheteur et acceptée par le vendeur.

À cette nouvelle étape des discussions, le vendeur et l'acquéreur, s'ils veulent vraiment voir la transaction se réaliser, doivent travailler ensemble dans une atmosphère d'ouverture et de confiance afin de permettre aux spécialistes participants (dont les fiscalistes) de bien comprendre la situation et les objectifs de chaque partie. Ceux-ci peuvent alors proposer des structures qui répondent bien aux objectifs.

G. L'élaboration et la négociation de la structure et des modalités de la transaction

Une fois l'entente de principe conclue, l'acquéreur et ses conseillers doivent se livrer avec diligence aux exercices suivants :

1. Procéder aux vérifications requises afin de connaître suffisamment l'entreprise cible pour en décider l'achat et pour préparer une offre d'achat spécifique qui comporte les garanties jugées encore nécessaires à la protection des droits et de l'investissement de l'acheteur ;

2. Terminer avec le vendeur la négociation des conditions importantes de la transaction qui n'ont pas été convenues au moment de l'entente de principe (conditions de paiement, garanties, gages de paiement, date de la transaction, et autres) ;

3. Établir avec le vendeur et ses conseillers la forme finale et les différentes étapes de la transaction. C'est alors que les fiscalistes des deux parties (parfois après quelques séances de négociation) devront convenir de la forme que devrait prendre la transaction pour tirer le meilleur avantage des possibilités offertes par

les lois fiscales et minimiser les coûts fiscaux pour les deux parties.

À compter de la conclusion de l'entente de principe, un échéancier propice devrait être de deux à quatre semaines pour le dépôt d'une offre d'achat formelle par l'acquéreur, de une à deux semaines pour la négociation et l'acceptation de cette offre par le vendeur et de deux à huit semaines pour la conclusion de la vente.

À moins de circonstances spéciales (telles que la nécessité de conclure la vente à une date fixe ultérieure ou d'obtenir des approbations qui demandent un plus long délai), un échéancier qui se prolonge au delà de ces périodes diminue les chances que la transaction soit conclue.

Il faut tenir compte que plus l'échéancier est long, plus grandes sont les possibilités que la transaction devienne prématurément publique, d'autant plus que, à partir d'une certaine étape, les vérifications de l'acheteur ne pourront plus passer inaperçues pour les employés du vendeur.

De même, il sera très difficile pour le vendeur de bien gérer l'entreprise à compter de la conclusion de l'entente de principe, car il devra alors s'abstenir de toute décision ou engagement à long terme tout en ignorant encore si la transaction sera ou non menée à bonne fin.

Toutes ces raisons militent en faveur d'une démarche rapide à compter de l'entente de principe. D'autre part, cette rapidité ne doit pas être au détriment de la qualité de la vérification de l'acheteur et de la négociation de la structure et des conditions de la vente, d'où la nécessité d'un travail intensif et bien organisé.

CHAPITRE

7

L'offre d'achat : son importance, son rôle et sa préparation

A. Le but, le rôle et l'importance de l'offre d'achat 120
B. Les parties à l'offre 123
C. L'objet de l'offre 126
D. Le prix d'achat : le montant, les modalités de
   paiement et les garanties de paiement offertes
   au vendeur 127
E. La structure de la transaction 129
F. La répartition du prix d'achat entre les différents
   éléments d'actif ou entre les différentes
   catégories d'actions 131
G. Les représentations et les garanties du vendeur ... 135
H. Les conséquences de représentations et
   de garanties inexactes 145
I. La vérification pré-clôture 148
J. La gestion de l'entreprise cible entre l'acceptation
   de l'offre et la clôture de la transaction 149
K. Les conditions préalables à la conclusion
   de la vente 150
L. La procédure de conclusion de la vente 151
M. Les engagements de non-concurrence
   du vendeur 152
N. Le dépôt au soutien de l'offre 153
O. Le délai et les modalités d'acceptation de l'offre 154
P. Le rejet habituel de l'offre dans sa forme initiale... 155

119

A. Le but, le rôle et l'importance de l'offre d'achat

À mon avis, l'offre d'achat est le document le plus important de la plupart des acquisitions d'entreprise. Elle est même plus importante que l'acte de vente lui-même, lequel n'est finalement qu'une étape de la réalisation de l'entente convenue dans l'offre d'achat acceptée.

L'importance de l'offre d'achat comme élément central de tout le processus d'acquisition d'une entreprise s'appuie sur trois facteurs :

1. L'offre d'achat, une fois acceptée, constitue la première entente complète entre les parties et scelle (sans pour autant la finaliser) l'obligation pour l'acheteur de faire l'acquisition aux conditions et selon les modalités qui y sont décrites, et l'obligation pour le vendeur de vendre à ces conditions.

2. La vente d'une entreprise, que ce soit par voie de vente d'actions ou de l'actif, est le plus souvent constituée de toute une série de contrats, d'ententes, de documents ancillaires, de formalités légales, fiscales et corporatives, de permissions et d'autorisations, d'avis, d'enregistrements, et ainsi de suite.

   Dans ce contexte, l'offre d'achat acceptée est souvent le seul document dans lequel on peut retrouver une description facile à comprendre de l'entente intervenue entre les parties.

3. En plus de constituer la première entente véritable entre les parties, l'offre d'achat énonce avec précision les conditions à remplir par chacune des parties jusqu'à la conclusion de la vente, les formalités à accomplir, l'échéancier du processus de la vente et les situations pouvant permettre, le cas échéant, à l'une ou l'autre des parties de ne pas signer l'acte de vente.

Sur un autre plan, une offre d'achat bien rédigée joue un autre rôle fort important pour l'acquéreur, car elle confirme les renseignements obtenus jusqu'alors et lui assure qu'aucune circonstance pouvant avoir un effet sur sa décision d'acheter ou sur les conditions proposées ne lui a été cachée.

Dans le cadre de la préparation d'une offre d'achat, l'acquéreur et l'avocat qui rédige le document décrivent toute une série de représentations et de garanties que le vendeur accepte de faire en faveur de l'acheteur.

Le texte de ces représentations et garanties est exhaustif et prévoit des conséquences très graves si l'une d'entre elles s'avère inexacte (tels le droit de l'acheteur de refuser de signer l'acte de vente, la possibilité de recours en dommages contre le vendeur, l'obligation du vendeur d'assumer toutes les conséquences d'une représentation inexacte, y compris les coûts, dommages et dépens de l'acquéreur).

Le vendeur et ses conseillers doivent s'assurer que les représentations et garanties demandées dans cette liste très détaillée (qui servira en quelque sorte de liste de vérification) peuvent être accordées par le vendeur.

Si tel n'est pas le cas, le vendeur n'aura d'autre choix que de divulguer à l'acheteur pourquoi il lui est difficile de consentir à l'une ou à plusieurs des représentations et garanties prévues à l'offre d'achat.

L'acheteur obtiendra ainsi du vendeur un rapport beaucoup plus fiable des problèmes qui peuvent avoir un impact sur l'entreprise cible ou sur son acquisition. Ceci ne signifie pas que le vendeur a nécessairement été malhonnête ou qu'il a voulu cacher des faits ou des problèmes à l'acquéreur. Très souvent c'est simplement que le texte de l'offre l'a obligé à porter attention à certains aspects de l'entreprise cible sur lesquels il ne s'était pas encore penché.

Voyons un exemple.

L'entreprise cible AYX exploite une chaîne de magasins de détail. Trois de ses magasins ont été ouverts au cours des six derniers mois. Or, comme cela se produit de temps à autre dans ce domaine, les locateurs n'ont pas encore signé les baux de ces magasins, certaines négociations à leur sujet n'étant pas terminées. Pour le vendeur cette situation est habituelle, et pour cette raison ou parce qu'il n'a pas pris part directement à la négociation pour la signature de ces baux, il n'a pas divulgué ce fait à l'acheteur.

Or, l'offre d'achat comportant une représentation selon laquelle tous les emplacements occupés par les établissements de l'entreprise cible jouissent de baux en vigueur, le vendeur ira vérifier ce fait avec les membres de son personnel chargés de la conclusion des baux et s'apercevra alors que certains n'ont pas encore été signés.

On ne peut considérer que le vendeur était de mauvaise foi dans les discussions antérieures, mais grâce à son offre d'achat, l'acheteur aura appris un renseignement important et l'existence d'une situation qu'il verra vraisemblablement à faire corriger avant la conclusion de la vente.

En pratique, si l'offre d'achat contient vraiment toutes les garanties et représentations demandées du vendeur, je n'hésite pas à affirmer que, dans plus de 90 % des cas, elle donnera lieu à la divulgation, par le vendeur ou ses conseillers, de faits ou de difficultés dont l'acheteur ne soupçonnait pas l'existence malgré toutes ses vérifications préalables au dépôt de l'offre.

Selon mon expérience, ceci constitue le facteur qui milite le plus en faveur de la préparation, du dépôt et de la négociation d'une offre d'achat, même dans le cas de transactions relativement simples.

L'importance, le but et le rôle de l'offre d'achat comme élément central et primordial d'une acquisition d'entreprise étant établi, nous sommes mieux en mesure de comprendre avec quel soin l'acquéreur et l'avocat chargé de rédiger l'offre devront préparer ce document et avec quelle minutie le vendeur et ses conseillers devront l'analyser et la négocier.

Dans ce contexte, nous verrons maintenant les principaux éléments que devrait contenir une offre d'achat. Avant de commencer, je tiens à vous rappeler que la rédaction d'un tel document doit être laissée à des spécialistes en la matière. Les renseignements qui suivent vous sensibiliseront au rôle et à l'importance de ce document.

B. Les parties à l'offre

Le premier élément d'une offre d'achat est l'identification des parties concernées, à savoir l'offrant-acquéreur et le vendeur. Ceci paraît sans doute élémentaire. Il suffit d'écrire le nom de l'acquéreur comme offrant et le nom du vendeur.

Cette simplicité n'est cependant qu'apparente, je vais me servir de ce point pour démontrer l'importance de laisser à des spécialistes la rédaction de l'offre d'achat.

D'abord l'acheteur. Qui devrait être l'offrant sur l'offre d'achat ? Le particulier qui désire acheter (par exemple le cadre qui désire se porter acquéreur de l'entreprise dans laquelle il œuvre ou le propriétaire d'une entreprise qui désire en acquérir une autre), ou la compagnie qui appartient à l'acquéreur, ou encore une nouvelle compagnie formée spécifiquement pour les fins de l'acquisition ? Doit-il y avoir un seul ou plusieurs offrants-acquéreurs (par exemple l'acquéreur peut très bien décider de procéder personnellement à l'achat des immeubles et de faire acquérir par sa compagnie les équipements, les stocks et l'achalandage) ?

Plusieurs options seront à considérer sérieusement pour trouver des réponses à ces questions. Le choix d'une option nécessitera une analyse à fond autant des objectifs de l'acquéreur que de la structure de financement mise en place pour la transaction et des considérations fiscales pertinentes (impôts sur le revenu et le gain de capital, taxes de vente, droits de mutation, et autres).

Par exemple, si l'acquéreur de l'actif d'une entreprise se propose d'en revendre une partie immédiatement après l'achat, il a peut-être intérêt à acquérir cette portion personnellement ou par l'entremise d'une compagnie autre que celle qui conservera les biens dont il n'entend pas disposer.

S'il s'agit d'un achat d'actions dont le financement du prix doit être garanti par les biens de l'entreprise cible, l'acquéreur n'aura peut-être d'autre choix que de faire acquérir ces actions par une compagnie qui fusionnera avec la compagnie achetée immédiatement après l'acquisition, de façon à rendre cette dernière débitrice du financement et à lui permettre de consentir des sûretés sur ses éléments d'actif en garantie du financement sur le prix d'achat. Dans ce cas, l'acquéreur devra déterminer qui détiendra les actions de cette nouvelle compagnie formée pour les fins de l'acquisition.

Maintenant le vendeur. À qui l'offre d'achat devrait-elle être adressée ?

Encore ici, un peu de réflexion s'impose. S'il s'agit d'une offre d'achat de l'actif, elle doit s'adresser au propriétaire réel (personne physique ou compagnie) qui n'est pas toujours facile à déterminer. Divers éléments d'actif d'une même entreprise peuvent appartenir à des propriétaires différents.

Récemment j'ai pris connaissance de la structure d'une entreprise qui était en voie de disposer d'une de ses divisions.

Physiquement, cette division était facilement identifiable, car elle faisait affaire dans un secteur très différent des autres secteurs d'activité de l'entreprise. Elle comprenait quatre usines de production autonomes et fonctionnait sous un autre nom de commerce.

Sur le plan juridique, les deux premières usines appartenaient à une compagnie qui ne possédait rien d'autre, la troisième appartenait à une autre compagnie qui possédait plusieurs autres biens et entreprises, et la quatrième appartenait à une troisième compagnie qui détenait aussi d'autres biens et entreprises. Les noms et marques de commerce, les brevets, la technologie, et le savoir-faire sur les produits de cette division appartenaient à une cinquième compagnie qui agissait à titre de compagnie de gestion.

Une telle structure rend la tâche du rédacteur de l'offre délicate et complexe, puisqu'il s'agit de bien décrire toute une série de transactions qui permettent aux parties d'atteindre leurs buts.

S'il s'agit d'une offre d'achat portant sur les actions de la compagnie qui détient l'entreprise cible, il faut l'adresser directement aux actionnaires et non à la compagnie. Ceci nécessite l'identification parfaite de tous les actionnaires à qui l'offre s'adressera.

Et ce n'est pas tout.

Qu'il s'agisse d'une offre d'achat portant sur l'actif ou sur les actions, il faut se préoccuper des garanties du vendeur que l'acquéreur possède surtout des représentations et garanties offertes à l'acheteur.

Prenons une illustration simple.

J'achète de la compagnie ABC inc. l'actif de l'entreprise cible, c'est-à-dire la totalité des biens de cette compagnie. Une fois le prix d'achat payé, ABC inc. acquitte ses dettes puis, ayant disposé de tous ses biens, elle distribue le solde à ses actionnaires.

Un an plus tard, je découvre qu'une représentation importante d'ABC inc. à l'offre d'achat, puis au contrat de vente, est inexacte (par exemple je m'aperçois que l'un des éléments d'actif importants n'appartenait pas à ABC inc., mais à un fournisseur qui le lui avait prêté pour trois ans). Je possède donc un recours contre ABC inc. pour obtenir réparation du dommage causé par la perte de cet équipement au moment où le fournisseur en a repris possession à la fin de la période du prêt.

Qu'arrive-t-il alors ? Je possède un recours contre une compagnie qui n'a manifestement plus aucun actif. Quelles sont alors mes chances d'obtenir réparation pour le dommage subi ?

Lorsque le vendeur est une compagnie qui n'a vraisemblablement aucune raison de conserver des éléments d'actif ou de se maintenir en existence après la vente, l'acquéreur peut avoir intérêt à demander que ses actionnaires interviennent à l'offre et au contrat de vente pour cautionner les représentations et garanties faites par le vendeur. Ce peut être aussi le cas pour un achat d'actions quand l'actionnaire vendeur est lui-même une compagnie. Une autre façon de se prémunir contre un tel risque, c'est de ne pas régler comptant la totalité du prix de vente.

Cette brève discussion sur l'identification des parties à l'offre, sujet qui paraissait simple au départ, n'est même pas exhaustive.

Effectivement, je n'ai pas traité des ventes nécessitant des transactions préalables de la part du vendeur, ni de la possibilité pour l'offrant de céder une partie ou la totalité de ses droits d'achat avant la conclusion de l'acte de vente, non plus que de plusieurs autres sujets qu'il faut souvent aborder lors de l'analyse préparatoire à la rédaction d'une offre.

C. L'objet de l'offre

L'offre d'achat doit décrire avec précision l'objet de l'acquisition proposée par l'acheteur.

Encore une fois, il ne faut pas se fier à la simplicité apparente de ce point.

Si je prépare une offre d'achat pour les actions d'une compagnie, suis-je absolument sûr que cette compagnie est bien la seule propriétaire de tous les éléments d'actif de l'entreprise cible ? Certains éléments n'appartiennent-ils pas à une autre compagnie ou directement aux action-naires ?

Pour parer à toute difficulté, à moins que les vérifications préalables à l'offre suffisent à rassurer l'acquéreur, il y a parfois lieu d'élaborer davantage la description en énonçant que l'offrant-acquéreur désire acheter les actions décrites dans l'offre de la compagnie, que celles-ci doivent représenter la totalité des actions émises à ce jour, et que cette compagnie est seule propriétaire de tous les biens de l'entreprise cible.

Comme je l'ai mentionné pour l'identification des parties, il faut définir avec précision les actions émises et qui les détient. Surtout s'il y a plusieurs actionnaires, l'offre doit mentionner avec précision le montant offert par action de chaque catégorie, de façon que chaque actionnaire vendeur puisse déterminer sans ambiguïté la portion du prix d'achat attribuable aux actions qu'il détient.

La même problématique se pose lors de l'acquisition de l'actif. Il ne s'agit pas alors d'identifier les actions émises et les actionnaires, mais beaucoup plus de s'assurer que la description englobe tous les biens de l'entreprise cible. Cette description constituera un juste équilibre entre la précision requise pour que les parties en arrivent à distinguer facilement ce qui fait l'objet de l'offre et ce qui en est exclu et une certaine généralité nécessaire pour que certains éléments d'actif de l'entreprise cible, accessoires ou inconnus de l'acheteur, ne se trouvent pas exclus de la transaction par une rédaction trop spécifique qui ne les mentionne pas.

D. Le prix d'achat : le montant, les modalités de paiement et les garanties de paiement offertes au vendeur

Pour le vendeur, cette partie de l'offre constitue sans aucun doute l'élément essentiel du document.

Les discussions préliminaires au dépôt de l'offre auront permis aux parties de saisir leurs intérêts respectifs et de dégager de façon relativement précise ce qui peut être acceptable pour le vendeur et ce qui ne l'est pas.

Il arrive fréquemment que le montant précis du prix d'achat, les modalités de paiement et les garanties et sûretés que le vendeur détient, au cas où l'acheteur ne respecterait pas ses engagements, ne soient pas encore définis avec précision. Pour cette raison, la rédaction de cette partie de l'offre peut être cruciale pour le succès de la transaction.

L'acquéreur doit faire une offre que le vendeur ne rejettera pas du revers de la main sous prétexte qu'elle ne correspond pas du tout à ce qui a été discuté jusqu'ici. Mais elle doit être suffisamment favorable à l'acheteur pour lui permettre de concéder encore quelques points au vendeur lors de la négociation qui suit généralement son dépôt.

À ce stade du processus d'acquisition, les connaissances acquises sur le vendeur, sur ses intérêts, ses besoins, ses objectifs et son style de négociation, sont des éléments clés pour la rédaction de modalités d'achat qui favorisent la poursuite de saines discussions et qui augmentent les chances qu'une entente attrayante pour les deux parties soit conclue.

Les conditions de paiement du prix, plus précisément les sûretés offertes au vendeur pour garantir le paiement du solde de prix de vente, doivent tenir compte des contraintes imposées par les prêteurs de l'acquéreur et de l'entreprise cible. On ne peut offrir au vendeur une sûreté déjà exigée par un autre prêteur, ou qui pourrait empêcher l'obtention d'un financement anticipé.

Comme pour tous les autres sujets abordés par l'offre d'achat, il est important que les conditions relatives au prix, aux modalités de paiement et aux garanties de paiement soient énoncées de façon claire et de manière à ne pas laisser place à des interprétations divergentes.

Cela peut être simple lorsque le prix final est connu au moment du dépôt de l'offre. Par contre, dans certaines offres, le prix est plutôt constitué d'une formule qui s'applique à des données financières imprécises. La clarté du texte est capitale. Selon l'expérience antérieure des parties et de leurs conseillers et le jargon utilisé dans les différents domaines d'activité, les mêmes mots peuvent avoir des sens différents. Celui qui négocie et rédige de semblables dispositions doit s'assurer du sens précis du texte et que les parties s'entendent bien sur le sens à donner aux termes de l'offre. C'est pourquoi plusieurs offres contiennent toute une section ne portant que sur la définitions des termes utilisés dans le document.

E. La structure de la transaction

Nous avons eu l'occasion de faire état de l'importance de bien planifier la structure de la transaction en tenant compte des besoins et objectifs du vendeur, de l'acquéreur et de l'entreprise cible, ainsi que des aspects fiscaux inhérents à la transaction proposée. Cette structure mise de l'avant par l'acheteur doit être décrite dans les conditions et modalités de l'offre d'achat. Elle peut comprendre un ou plusieurs des éléments suivants :

1. Le choix d'acquérir les actions ou l'actif.

2. La décision de l'acquéreur quant à l'identité précise de la personne ou de la personne morale qui lui servira de véhicule pour procéder à l'acquisition.

3. Le moment où la transaction doit être finalisée, lequel peut devoir tenir compte des conséquences fiscales, comptables et financières de la transaction pour les parties concernées ainsi que pour l'entreprise cible.

4. Certaines transactions qui doivent être accomplies avant ou après la vente, ou simultanément, par le vendeur, l'entreprise cible ou

Principaux sujets abordés par une offre d'achat d'entreprise

1. Description de l'offrant ;

2. Description du vendeur à qui l'offre est adressée ;

3. Définition des termes utilisés ;

4. Description précise de ce qui fait l'objet de l'offre ;

5. Prix d'achat ;

6. Répartition du prix d'achat entre les différentes catégories de biens achetés ;

7. Modalités de paiement du prix d'achat ;

8. Sûretés offertes pour garantir le paiement du prix d'achat ;

9. Conditions relatives au financement de la transaction ;

10. Représentations et garanties du vendeur ;

11. Conséquences d'un manquement du vendeur à ses engagements ou à ses représentations et garanties ;

12. Modalités de vérification pré-clôture ;

13. Gestion limitée de l'entreprise jusqu'à la clôture ;

14. Structure de la vente proposée ;

15. Transactions requises avant la clôture, le cas échéant ;

16. Conditions de clôture et circonstances libérant l'acheteur de son obligation d'acheter ;

17. Documentation requise à la clôture ;

18. Engagements de non-concurrence et de confidentialité ;

19. Clauses pénales ;

20. Dépôt, détention du dépôt et remise du dépôt ;

21. Moment et modalités d'acceptation de l'offre ;

22. Interventions requises.

l'acheteur, afin de minimiser les coûts fiscaux de la transaction ou pour rendre effectives certaines ententes entre les parties (par exemple pour retirer certains éléments d'actif de l'entreprise cible avant la clôture).

La structure de la transaction et des étapes, formalités et conventions accessoires dépend beaucoup des particularités propres à chaque transaction ainsi que des solutions proposées par les fiscalistes et spécialistes en acquisition.

F. La répartition du prix d'achat entre les différents éléments d'actif ou entre les différentes catégories d'actions

Dans le cas où la transaction consiste dans un achat de l'actif, il est nécessaire que l'acheteur précise de quelle façon le prix d'achat sera réparti entre les différentes catégories de l'actif acquis. Cette nécessité tient au fait que le traitement fiscal de la transaction, autant pour le vendeur que pour l'acheteur, peut varier considérablement selon cette répartition.

Si une partie plus ou moins importante du prix d'achat est attribuée aux stocks, le gain pour le vendeur sera considéré comme un revenu ; s'il s'agit d'un **actif amortissable** (comme un équipement), en partie comme du revenu (jusqu'à concurrence de la différence entre la fraction non amortie du coût en capital et le prix de base rajusté) et en partie comme du gain en capital pour le solde ; s'il s'agit d'un **actif non amortissable** (par exemple un terrain), comme un gain en capital.

Le même phénomène se produit pour l'acheteur, mais avec des conséquences fiscales différentes. Le montant attribué à l'achat d'un terrain ne donne pas ouverture par la suite à une déduction pour allocation du coût en capital (amortissement), alors que le montant attribué à l'achat d'une pièce d'équipement ouvre la porte à une telle déduction. L'acheteur doit aussi tenir compte que l'achat de certains éléments d'actif (par exemple les véhicules et l'équipement) peut être assujetti à une taxe de vente, tandis que l'acquisition d'autres catégories d'actif (les immeubles) donne lieu au paiement de droits de mutation.

Le nombre et la description des catégories pour les fins de cette répartition dépendent directement des différentes catégories fiscales d'actif que comporte l'entreprise cible.

À la base, nous retrouvons le plus souvent les catégories suivantes :

1. L'encaisse (si elle n'est pas exclue de la transaction).

Le prix d'achat de l'encaisse est le plus souvent équivalent à son montant nominal réel à la date de la vente. Le vendeur ne réalise ni gain ni perte à cet égard.

2. Les comptes à recevoir.

Leur prix d'achat est habituellement équivalent au solde des comptes à recevoir à la date de la transaction, moins un montant équivalent à une provision raisonnable pour mauvaises créances. Toutefois, plusieurs approches et techniques peuvent être utilisées.

Certains vendeurs préfèrent vendre les comptes à recevoir à leur plein prix. Ils acceptent, en contrepartie, d'en garantir le paiement à l'acheteur suivant certaines règles aussi prévues à l'offre.

D'autre part, certains acheteurs désirent déduire de ce montant une certaine somme compte tenu des coûts de gestion de ces comptes à recevoir et du délai qu'ils devront attendre avant de les percevoir.

3. Les stocks.

Ils sont souvent acquis à leur coût, lequel est établi par un inventaire effectué au moment où la vente devient effective. Des déductions sont alors prises pour les stocks désuets ou qui ne sont pas en bon état de vente.

Naturellement, le calcul est un peu plus compliqué dans l'industrie manufacturière où l'on retrouve des stocks de matières premières, des stocks de produits en cours de fabrication (à différentes étapes) et des stocks de produits finis. Certaines techniques comptables et d'évaluation des stocks doivent alors être utilisées. Comme il existe plus d'une approche à cette évaluation, l'acheteur devra préciser dans l'offre d'achat laquelle de ces techniques il entend utiliser à cette fin.

4. Les équipements.

La portion du prix attribuable aux équipements doit parfois être subdivisée entre diverses catégories d'équipement auxquelles, selon les règlements fiscaux, s'appliquent des taux différents d'allocation du coût en capital.

De plus, certains équipements sont considérés comme partie d'immeubles avec des conséquences fiscales différentes. Les équipements sont souvent des éléments d'actif donc l'achat est assujetti à la taxe de vente. Ils peuvent comprendre du matériel roulant, lequel doit être classé dans une sous-catégorie distincte pour laquelle on indiquera spécifiquement la portion du prix qui lui est attribuée.

Ce poste nécessite une bonne planification et, souvent, quelques heures de négociations sérieuses entre les parties.

5. Les immeubles.

La portion du prix attribuée aux immeubles doit être subdivisée entre les bâtisses et les terrains, les bâtisses pouvant faire l'objet d'une allocation du coût en capital, mais non les terrains.

Comme mentionné ci-haut, les immeubles peuvent comprendre des équipements, des améliorations et même du matériel roulant. Naturellement, si tel est le cas, il faut indiquer quelle portion du prix est attribuée à chacune de ces sous-catégories.

Il faut également tenir compte de l'imposition possible de droits de mutation sur la considération totale versée pour l'acquisition d'immeubles.

6. Les éléments d'actif incorporels (à l'exception de l'achalandage).

Ces biens sont de toutes sortes (marques de commerce, licences, brevets, franchises) et de durée variable. Comme pour les équipements et les immeubles, il est nécessaire de les classifier selon les différentes catégories fiscales auxquelles ils appartiennent et selon leur durée.

7. L'achalandage.

Il s'agit souvent du dernier poste de la répartition auquel on attribue globalement la portion du prix d'achat qui n'a pas encore été attribuée à d'autres catégories d'actif. L'achalandage fait l'objet d'un traitement fiscal particulier autant pour le vendeur que pour l'acquéreur. Par contre, il n'est pas assujetti à une taxe de vente ni à un droit de mutation.

Les différentes conséquences de la transaction qui dépendent de la façon dont le prix a été réparti rendent nécessaire cette répartition du prix de vente. Ceci, dans un premier temps, afin de réduire au minimum les coûts fiscaux totaux de la transaction pour toutes les parties, dans un deuxième temps, afin de partager équitablement les économies et les coûts fiscaux par l'ajustement des aspects financiers de la transaction.

À ce chapitre, il est intéressant de noter que les autorités fiscales acceptent généralement la répartition du prix de vente convenue entre les parties, à moins que celle-ci ne soit manifestement déraisonnable et sans commune mesure avec la valeur réelle respective de chaque catégorie de l'actif acheté.

Si l'acquisition consiste en un achat d'actions, l'acquéreur doit aussi diviser son prix entre les différentes catégories d'actions, à moins qu'il y en ait une seule, de façon à établir le coût fiscal des actions de chaque catégorie et de permettre aux actionnaires concernés de calculer rapidement et sans ambiguïté la portion du prix total qui leur revient.

Les conséquences fiscales immédiates sont généralement moindres en ce qui concerne la répartition du prix entre les différentes catégories d'actions que pour la répartition entre les catégories d'actif. L'acquéreur doit cependant être prudent puisqu'il pourra y avoir un impact fiscal au moment où il disposera à son tour d'une partie des actions acquises.

G. Les représentations et les garanties du vendeur

Une section de l'offre d'achat contiendra toute une série de représentations et de garanties par lesquelles le vendeur se porte garant de l'état de l'entreprise cible ou de la compagnie dont les actions font l'objet de la vente.

La liste des représentations et garanties requises du vendeur dépend largement de la nature des activités de l'entreprise cible et des connaissances déjà acquises par l'acquéreur quant à sa situation. Cette liste peut s'étendre sur plusieurs pages de l'offre (nous en avons déjà rédigé de plus de 20 pages).

Les thèmes les plus souvent abordés sont :

1. Le statut légal du vendeur.

L'acheteur veut ici s'assurer que le vendeur, surtout s'il s'agit d'une compagnie, est habilité à conférer à la vente un caractère irrévocable et inattaquable. À cette fin, il lui demandera des représentation concernant son statut légal (à tous les niveaux) et l'exécution de toutes les formalités nécessaires pour conclure la vente. Si la transaction consiste en un achat d'actions, des garanties de cette nature sont requises de la compagnie dont les actions sont achetées.

Le vendeur devra également fournir certaines représentations et garanties quant à certains aspects techniques de son statut légal pouvant avoir un impact sur la vente. Ainsi il garantira être résident canadien au sens des lois fiscales, si tel est le cas.

Si le vendeur n'est pas résident canadien, l'acheteur peut être tenu de retenir une partie du prix de vente afin de la remettre aux autorités fiscales à titre d'impôt de retenue. S'il n'est pas résident canadien et s'il reçoit la totalité du prix d'achat, l'acquéreur peut alors devenir lui-même responsable du paiement de cet impôt de retenue même s'il en a déjà payé le montant au vendeur.

2. La propriété de l'entreprise vendue et le pouvoir du vendeur d'en disposer.

Le vendeur doit formellement garantir qu'il est le seul et unique propriétaire de l'entreprise vendue et de tous ses éléments d'actif (lesquels sont souvent décrits dans l'offre ou en annexe) et qu'il a le droit de les vendre à sa guise, sans condition ni restriction, à l'acquéreur.

Plus spécifiquement, le vendeur garantira qu'aucune autre personne ne détient de droit sur les biens vendus (par exemple une garantie ou un privilège) et qu'il n'a pas accordé à qui que ce soit de droit d'acquérir ultérieurement ces biens (tels une option d'achat, un droit de premier refus ou une promesse de vente).

S'il s'agit d'une vente d'actions, ces représentations sont alors de deux ordres. Dans un premier temps, elles s'appliquent à la propriété des actions vendues, et dans un second temps, à la propriété des biens de l'entreprise vendue.

Dans ce dernier cas, il faut non seulement s'assurer que le vendeur est bien le détenteur des actions mais aussi que la compagnie dont l'acheteur deviendra l'actionnaire possède bien son entreprise et les éléments d'actif dont elle se sert pour les fins de son exploitation.

3. L'état des affaires de l'entreprise.

Il s'agit ici d'un aspect très important des représentations et garanties du vendeur. Dans cette section le vendeur est appelé à garantir qu'aucune circonstance, situation, réclamation, ou entente antérieures à la vente ne viennent perturber la situation financière ou commerciale de l'entreprise ainsi que son exploitation.

Ces représentations consistent souvent en garanties exprimées de façon générale, dont plusieurs sont précisées dans d'autres sections de l'offre, mais de manière à assurer que des situations non définies ailleurs dans l'offre ne se trouvent pas exclues à cause du seul oubli de l'acheteur de les préciser.

Un exemple de représentation générale du vendeur se lit ainsi : « Le vendeur garantit à l'acheteur ne posséder aucun renseignement relatif à l'entreprise et à l'actif vendus qui, s'il était connu de l'acheteur, pourrait raisonnablement le décourager de parfaire la transaction prévue aux présentes au prix et aux conditions décrites aux présentes. »

Un aspect important des représentations générales sur l'état des affaires de l'entreprise concerne la garantie que

---

Objet des principales garanties et représentations exigées du vendeur

1. Statut légal du vendeur ;
2. Statut légal de la compagnie vendue ;
3. Formalités et autorisations requises pour la vente ;
4. Droit de propriété du vendeur sur les biens acquis et capacité de les vendre à l'acheteur ;
5. État des affaires de l'entreprise ;
6. Actif de l'entreprise ;
7. Situation financière et passif de l'entreprise ;
8. Engagements et obligations de l'entreprise ;
9. Taxes et impôts ;
10. Employés ;
11. Comptes à recevoir ;
12. Responsabilité et assurances.

---

l'entreprise, ses activités, son exploitation et la poursuite de celle-ci par l'acheteur, ainsi que ses biens corporels et incorporels sont conformes, à tous les égards, aux lois et règlements qui les régissent, et que l'entreprise possède tous les permis et licences nécessaires à ses activités, lesquels devront être transmis à l'acquéreur.

4. Les éléments d'actif de l'entreprise.

Le vendeur doit garantir que ces éléments sont en bon état de marche et qu'ils ne sont pas susceptibles d'occasionner quelque problème que ce soit à l'acheteur.

Les éléments d'actif couverts par ces garanties et représentations sont autant les biens incorporels de l'entreprise (tels ses marques de commerce, ses droits à titre d'inventeur, ses secrets de fabrication ou de commerce, ses documents, logiciels et autres œuvres pouvant bénéficier de droits d'auteur, ses dessins industriels, sa technologie) que les biens corporels (immeubles, équipements, stocks, matériel roulant, et autres).

En ce qui concerne les bien incorporels, l'acquéreur voudra obtenir du vendeur l'assurance que les droits de l'entreprise sur ces biens ne sont sujets à aucune contestation et ne font pas l'objet de violation par toute autre personne, ce qui pourrait avoir pour effet de plonger l'acheteur, dès l'acquisition faite, dans des procédures judiciaires coûteuses pour défendre ou faire valoir les droits qu'il vient à peine d'acquérir.

Il est utile de noter que ces représentations et garanties sont requises même s'il s'agit d'un achat d'actions. Le texte est alors différent mais la nature des garanties demandées par l'acheteur demeure la même.

5. La situation financière et le passif de l'entreprise.

Le détermination du prix que l'acheteur est prêt à payer pour l'entreprise cible ainsi que sa décision même de procéder à cette acquisition reposent le plus souvent sur les renseignements financiers obtenus du vendeur. L'acquéreur insistera pour que le vendeur lui confirme, par ses représentations et garanties, la véracité des données financières fournies.

L'une des méthodes utilisées pour la rédaction de ces garanties consiste à annexer à l'offre une copie des états financiers et autres documents d'information financière qui ont servi à la prise de décision de l'acheteur et de voir ensuite à ce que le vendeur garantisse à l'acquéreur que les renseignements qui y sont mentionnés sont exacts et complets.

Les représentations et garanties du vendeur concernant la situation financière de l'entreprise cible portent sur la véracité des données comptables fournies à l'acheteur, sur les méthodes et principes utilisés, sur le caractère raisonnable des provisions et allocations prises, sur le fait que tous les renseignements devant normalement apparaître à des états financiers y sont inclus, et sur l'absence de quelque passif actuel ou éventuel autre que celui mentionné.

Un autre type de représentations et garanties portant sur la situation financière de l'entreprise que l'on retrouve parfois dans une offre d'acquisition conserne les critères financiers minima que doit rencontrer l'entreprise à la date de la vente.

Par exemple, on peut prévoir un montant minimal de l'avoir des actionnaires, de l'actif, des revenus, des profits. Dans d'autres cas, ce sera des ratios minima obligatoires, tel un ratio de fonds de roulement.

Ces critères et ratios sont utilisés lorsque les données précises sur certains aspects de la situation financière de l'entreprise ne sont pas connues à la date de l'offre. L'acheteur décrit alors dans l'offre les critères financiers qu'il utilise pour décider d'acheter aux conditions stipulées dans le document en s'engageant à conclure l'achat à l'atteinte de ces critères.

Un autre sujet important auquel doit s'attarder la portion de l'offre traitant des garanties sur la situation financière de l'entreprise concerne le délai écoulé depuis la date des derniers états financiers et celle de l'acceptation de l'offre par le vendeur. Malgré que les systèmes d'information en gestion soient de plus en plus efficaces, il s'écoule toujours au moins quelques semaines, et souvent quelques mois, entre la date à laquelle sont établis les derniers états financiers étudiés par l'acquéreur et ses conseillers et la date du dépôt de l'offre d'achat.

Compte tenu de ce fait, la protection contractuelle demandée par l'acquéreur doit couvrir toute possibilité de détérioration de la situation financière de l'entreprise cible entre la date des états financiers et la date d'acceptation de l'offre. L'acheteur doit s'assurer aussi que le vendeur n'a disposé d'aucun élément d'actif de l'entreprise cible, n'a contracté aucun nouvel engagement ou n'a pas accru la portée des engagements liant l'entreprise acquise.

Des représentations et garanties sont expressément prévues en ce qui concerne la période comprise entre la date des états financiers et celle où l'offre est acceptée. Comme nous le verrons plus loin, d'autres clauses de l'offre traitent de la période qui sépare la date de l'acceptation de l'offre et celle de la conclusion de la vente.

6. Les engagements auxquels est liée l'entreprise.

Encore ici, l'acheteur voudra connaître avec précision tous les engagements auxquels l'entreprise est liée et qu'elle doit respecter une fois la vente conclue.

Tout comme pour les représentations et garanties à l'égard de la situation financière et du passif de l'entreprise, la rédaction de ces garanties consiste souvent à annexer à l'offre une liste des contrats et engagements liant l'entreprise (ou une copie de ceux-ci) et à obtenir du vendeur la garantie qu'il s'agit des seuls engagement liant l'entreprise.

Pour les contrats et autres obligations, les engagements de l'acheteur comprennent aussi des garanties en ce qui concerne la validité du transfert des contrats et engagements à l'acquéreur et certifient que la vente ne porte pas atteinte aux droits de l'entreprise en vertu de ces contrats. Un contrat n'est pas seulement une source d'obligations mais il comporte aussi des droits qui peuvent être importants pour l'entreprise.

Ainsi le bail à long terme pour l'usine de l'entreprise, un contrat d'approvisionnement conclu avec le fournisseur d'un produit essentiel, une licence conférant à l'entreprise le droit d'utiliser la technologie (par exemple, les logiciels et composantes de ses systèmes informatiques) dont elle se sert, un contrat majeur obtenu d'un client important constituent autant de contrats importants pour l'entreprise. Or, plusieurs de ces contrats contiennent des clauses assujettissant toute vente (même une vente d'actions) à l'obtention du consentement du cocontractant à ces ententes, ce qui peut parfois avoir pour effet de modifier les droits de l'entreprise vendue.

À titre d'exemple, bon nombre de baux commerciaux prévoient un ajustement (à la hausse évidemment) du loyer de base à la suite d'un changement de contrôle, alors que d'autres accordent au bailleur le privilège de mettre fin au bail dès réception d'une demande d'autorisation à l'égard de la vente projetée ou du changement de contrôle prévu du locataire.

Dans ce contexte, l'acquéreur ne voudra pas seulement s'assurer de bien connaître la teneur des engagements auxquels est liée l'entreprise qu'il acquiert, mais aussi faire en sorte que l'entreprise soit capable de continuer à se prévaloir des droits et privilèges prévus en sa faveur dans ces contrats, et ce, sans que son fardeau vis-à-vis de ses cocontractants ne s'accroisse pour autant.

7. Les employés de l'entreprise.

En ce qui concerne les employés, les lois régissant les relations de travail obligent souvent l'acquéreur d'une entreprise à être responsable du passé de celle-ci vis-à-vis de ses employés.

Le Code du travail prévoit que l'accréditation du syndicat et la convention collective des employés d'une entreprise lient tout acquéreur de celle-ci (même lorsqu'il s'agit de l'achat de l'actif) et la Loi sur les normes du travail rend l'acquéreur responsable, vis-à-vis des employés qu'il conserve à son emploi, des salaires et indemnités impayés par le vendeur. Afin de ne pas devenir la victime de l'application de ces dispositions, l'acquéreur exigera que le vendeur lui garantisse avoir satisfait à toutes ses obligations et engagements vis-à-vis de ses employés jusqu'au moment de la vente.

Aussi, comme pour les autres engagements liant l'entreprise vendue, le vendeur garantira que l'entreprise n'est soumise à aucune accréditation syndicale ou convention collective (autre que, le cas échéant, celles décrites spécifiquement à l'offre) et qu'il n'a aucune raison de croire qu'une telle accréditation pourrait être demandée dans un proche avenir.

Le vendeur devra spécifier également toutes les conditions d'emploi des employés et garantir que l'entreprise n'est liée par aucune entente individuelle ou collective de travail (écrite ou verbale) autre que celles décrites sur une liste des employés et de leurs conditions d'emploi annexée à l'offre.

Des modalités spécifiques des représentations et garanties du vendeur quant aux employés de l'entreprise traiteront de certaines obligations qui peuvent avoir été contractées par l'entreprise en faveur de ses employés, comme les régimes de pension, les gratifications, les systèmes de participation aux profits.

Cette section de l'offre visera aussi les réclamations et autres recours actuels ou éventuels d'employés ou d'ex-employés contre l'entreprise et, vice-versa, les recours actuels ou éventuels de l'entreprise contre l'un ou l'autre de ses employés.

8. Les impôts et les taxes.

En ce qui concerne les impôts et les taxes (de toute nature et en faveur de toutes les juridictions fiscales), l'acquéreur voudra se protéger contre deux possibilités.

La première concerne le paiement des impôts et taxes dus par le vendeur au moment de la vente. À ce sujet, les garanties et représentations requises du vendeur sont similaires à celles que nous avons vues plus haut à l'égard du passif de l'entreprise. Elles revêtent un caractère spécial puisque plusieurs lois en matière de taxation confèrent aux autorités fiscales un privilège sur les biens de l'entreprise. L'acquéreur et ses conseillers ont tout intérêt à y apporter une attention particulière.

La seconde possiblité est qu'une cotisation fiscale soit émise après la vente pour une période antérieure à celle-ci. Ainsi, un an ou deux après la vente, à la suite d'un examen plus attentif des rapports produits par l'entreprise ou d'une vérification des livres et des affaires de la compagnie vendue, les autorités fiscales peuvent décider d'émettre de nouvelles cotisations pour des périodes antérieures à la vente.

Or, au moment du dépôt de l'offre, cette possibilité ne constitue pas encore un passif ni une obligation pour l'entreprise et elle est souvent inconnue du vendeur.

Des garanties et représentations spécifiques stipulent que le vendeur assume les risques inhérents à la possibilité de cotisation fiscale ultérieure pour autant que cette cotisation vise des périodes antérieures à la vente.

9. Les comptes à recevoir.

Pour les fins de déterminer la valeur d'une entreprise, les comptes à recevoir (après déduction de la provision pour créances douteuses qui apparaît aux états financiers) se voient souvent accorder une valeur presque certaine.

Par contre, la possibilité de percevoir ces comptes ne peut être évaluée que par le vendeur. Le montant de la provision pour créances douteuses est souvent décidé en partie par le vendeur après discussion avec ses vérificateurs et certains des employés-cadres de l'entreprise.

Dans la mesure où l'acquéreur accepte de payer le solde des comptes à recevoir à la date de la vente, il voudra s'assurer que le vendeur compensera la perte des comptes qui ne pourront être perçus par la suite dans le cours ordinaire des affaires de l'entreprise. Cette garantie prend la forme d'un engagement, par le vendeur, de racheter au prix que l'acquéreur les a payés les comptes à recevoir non acquittés à l'expiration d'un délai convenu (par exemple, 90 jours à compter de la vente) à moins, évidemment, que ces comptes aient déjà fait l'objet d'une provision pour créance douteuse.

Il existe à ce sujet différentes méthodes qui doivent être adaptées aux circonstances propres à chaque transaction.

10. La responsabilité.

Un autre aspect des garanties que doit fournir le vendeur concerne les réclamations de toutes natures pouvant être formulées contre l'entreprise pour des faits survenus avant la date de la vente.

Ces réclamations peuvent être de plusieurs sortes (accidents, défectuosités dans les produits, et autres), mais les aspects reliés à la responsabilité civile, à la responsabilité pour les produits vendus ou les services rendus et à la responsabilité professionnelle doivent faire l'objet d'engagements spécifiques de la part du vendeur.

Comme pour plusieurs des catégories d'éléments couverts par les garanties et représentations du vendeur que nous avons vus jusqu'ici, le vendeur doit d'abord assumer vis-à-vis de l'acheteur la responsabilité de toute réclamation liée à des événements survenus avant la vente.

Par contre, cette représentation peut être insuffisante pour l'acheteur, compte tenu que ces réclamations peuvent porter sur des montants fort substantiels qui dépassent parfois largement les capacités financières du vendeur.

Les représentations et garanties du vendeur en matière de responsabilité sont généralement accompagnées d'autres garanties et représentations par lesquelles il certifie à l'acheteur que l'entreprise détient toutes les assurances qu'un administrateur prudent prend pour une telle entreprise. Naturellement, l'acquéreur vérifiera la nature et l'importance de ces assurances et ne se contentera pas de la seule affirmation du vendeur.

Cette liste de représentations et de garanties requises du vendeur n'est pas exhaustive. Elle ne comprend que les plus coutumières, alors qu'en pratique il est nécessaire que les représentations et garanties soient préparées en fonction de la situation spécifique de chaque transaction.

À titre d'illustration, on peut aisément comprendre que les représentations et garanties requises à l'occasion de l'achat d'une entreprise par ses propres dirigeants ne sont pas les mêmes que celles demandées par un acheteur qui ignore tout de l'entreprise cible et de son domaine d'activité, et qui plus est, soupçonne le vendeur de vouloir s'en débarrasser en raison de difficultés prévues.

H. Les conséquences de représentations et de garanties inexactes

Une fois terminée la liste des représentations et garanties requises du vendeur, l'acquéreur doit spécifier les conséquences pour ce dernier de déclarations fausses ou inexactes.

Dans un premier temps, si la fausseté est découverte avant la signature de l'acte de vente final, l'acheteur voudra évidemment se réserver le droit de ne pas conclure la vente ou d'exiger la correction du problème.

Qu'en est-il si la fausseté ou l'inexactitude n'est découverte qu'une fois la vente conclue ?

L'offre doit décrire avec précision les conséquences d'une telle situation, lesquelles consistent le plus souvent dans l'obligation, pour le vendeur :

1. d'assumer lui-même les conséquences de la situation (par exemple, dans le cas d'une réclamation formulée contre l'entreprise) et d'indemniser l'acheteur de tous les frais occasionnés (y compris les frais d'avocats) ;

2. d'indemniser l'acheteur pour tous les dommages subis par suite de la situation imprévue (par exemple, si l'entreprise doit remplacer une pièce d'équipement défectueuse ou engager des frais pour se conformer à une loi ou à un règlement).

Selon les circonstances propres à chaque transaction, le défaut de se conformer à certaines représentations et garanties pourra avoir des conséquences spécifiques pour le vendeur. À ce titre, nous avons déjà vu que, à l'égard des comptes à recevoir, le vendeur peut être tenu de racheter de l'acquéreur, au prix qu'il les a payés, les comptes à recevoir de l'entreprise non perçus après un délai convenu.

D'autres exemples de conséquences spécifiques concernent des renseignements financiers inexacts ainsi que le cas où des tests financiers prévus à l'offre font défaut.

Lorsque les renseignements financiers connus au moment de l'offre n'apparaissent pas suffisamment fiables, l'offre peut préciser certains montants requis de l'entreprise à la date de la transaction (notamment un montant minimal de fonds de roulement, de ventes, de profits, d'avoir des actionnaires ou, inversement, un montant maximal de passif) et prévoir un ajustement du prix de vente si certains critères ne sont pas rencontrés. Par exemple, on inscrira que le prix de vente sera diminué de un dollar par tranche de 4 $ par laquelle le montant réel des ventes de l'entreprise pour une période donnée est moindre que la somme de 1 million $.

Ces critères peuvent être des montants fixes ou des ratios jugés pertinents et importants par l'acquéreur. Prenons le cas du fonds de roulement (qui consiste en la différence entre l'actif à court terme et le passif à court terme). L'offre peut aussi bien prévoir qu'il doit être d'au moins 500 000 $ ou que son ratio (à savoir, la proportion entre l'actif à court terme et le passif à court terme) doit être d'au moins 2:1 (ce qui signifie que le montant de l'actif à court terme doit être au moins le double du montant du passif à court terme).

Dans tous les cas, il est important de bien adapter ces critères aux circonstances propres à la transaction et de bien mesurer leur impact réel, surtout si plusieurs critères sont utilisés simultanément.

J'ai participé récemment à une transaction d'acquisition où le vendeur n'avait pas suffisamment mesuré l'impact des critères et ratios utlisés dans l'offre. Cet exemple aidera à mieux saisir l'importance de bien comprendre et mesurer les obligations prévues à une offre d'achat.

L'offre déposée dans cette affaire prévoyait une diminution du prix de vente à raison de un dollar pour chaque dollar qui ne satisfaisait pas à certains des critères financiers exigés. Ces critères portaient entre autres sur le montant minimal de l'encaisse, du fonds de roulement et de l'avoir des actionnaires.

Une fois les chiffres finaux connus, les parties constatèrent qu'il y avait un déficit de 65 000 $ par rapport au montant minimal de l'encaisse prévu dans l'offre. En conséquence, le vendeur s'attendait à une réduction du prix de cette même somme. Quelle ne fut pas sa surprise de constater que la diminution de prix n'était pas de 65 000 $ mais bien de 195 000 $.

Non seulement le déficit de 65 000 $ constituait un manque à l'encaisse, mais il avait aussi pour effet direct de se solder par un déficit au niveau du test prévu à l'offre à l'égard du montant minimum du fonds de roulement (puisque l'encaisse est un actif à court terme) et du test concernant l'avoir des actionnaires (lequel est la différence entre l'actif total et le passif total).

Sous l'effet combiné de ces trois tests convenus à l'offre acceptée, chaque dollar de déficit au niveau de l'actif à court terme (dont l'encaisse) était susceptible, à moins de compensation, de produire automatiquement une réduction du prix d'achat de 3 $.

Une nouvelle négociation entre les parties au moment de la conclusion de la vente régla cette situation, mais l'acquéreur aurait pu insister sur l'application intégrale des tests prévus à l'offre puisque le vendeur les avait bel et bien acceptés.

Pour les fins de préserver ma réputation dans cette affaire, je désire préciser que je ne représentais pas le vendeur dans cette transaction qui s'est tout de même conclue de façon satisfaisante pour les deux parties.

I. La vérification pré-clôture

Le chapitre suivant portera exclusivement sur les vérifications pré-clôture, c'est-à-dire sur ce travail de vérification des affaires et de la situation de l'entreprise cible que l'acquéreur et ses conseillers effectuent entre le moment de l'acceptation de l'offre et celui de la signature de l'acte de vente.

Comme il s'agit d'une vérification après dépôt et acceptation d'une offre d'achat, le vendeur devra permettre à l'acheteur l'accès quasi illimité aux renseignements, aux documents et aux biens de l'entreprise cible.

L'offre traite de cette étape de vérifications pré-clôture en spécifiant les obligations du vendeur de :

1. Transmettre à l'acquéreur ou à ses conseillers toute une série de documents et de renseignements décrits dans l'offre, dans un délai aussi prévu dans le document ;

2. Laisser à l'acquéreur et à ses conseillers l'accès quasi illimité aux places d'affaires, aux systèmes d'information (manuels et informatiques),

aux biens et aux livres et registres de l'entreprise, afin de leur permettre de faire les examens et les vérifications qu'ils jugent pertinents. Si des conditions ou restrictions doivent limiter cet accès, elles sont décrites dans l'offre ;

3. Collaborer avec l'acheteur et ses conseillers dans le cadre de leurs vérifications et faire en sorte que ses employés collaborent ;

4. Consentir que les employés de l'entreprise et ses conseillers (comptables, conseillers juridiques, et autres) dévoilent à l'acheteur tous les renseignements qu'il désire sur l'entreprise cible.

Elle traite également des modalités de préservation de la confidentialité des renseignements et documents fournis à l'acquéreur et à ses conseillers en cas d'avortement de la transaction, y compris l'obligation pour l'acheteur de remettre tous les documents obtenus sans en conserver de copies.

J. La gestion de l'entreprise cible entre l'acceptation de l'offre et la clôture de la transaction

Les représentations et garanties requises du vendeur visent à assurer à l'acheteur que, à la date de l'acceptation de l'offre, l'état de l'entreprise est conforme à celui prévu par l'acheteur et décrit jusqu'alors par le vendeur.

De façon pratique, les représentations et garanties consenties au moment où le vendeur accepte l'offre d'achat ne couvrent pas ce qui peut influer sur l'entreprise cible entre le moment de cette acceptation et le moment de la vente proprement dite. Aussi, au moins une section de l'offre traitera plus spécifiquement de la période comprise entre ces deux moments.

Ces dispositions, qui peuvent varier considérablement d'une transaction à l'autre, viseront particulièrement à restreindre la possibilité, pour le vendeur et les dirigeants de l'entreprise, de prendre des décisions qui peuvent nuire à la situation ou aux engagements de l'entreprise cible. À cette fin, l'offre prévoie des mécanismes limitant les pouvoirs de décision du vendeur. Ces limitations peuvent être générales (en assujettissant toutes les décisions au consentement de l'acheteur) ou spécifiques (en décrivant certaines décisions qui ne pourront être prises par le vendeur durant cette période). Les parties peuvent également prévoir un mécanisme de gestion intérimaire de l'entreprise pendant cet intervalle.

L'offre peut aussi traiter de certains droits (dont celui de ne pas conclure la vente) que désire se réserver l'acheteur au cas où, indépendamment des décisions prises par le vendeur, la situation de l'entreprise cible se détériorerait entre le moment de l'acceptation de l'offre et celui de la vente (notamment si un sinistre détruisait une partie importante des biens).

K. Les conditions préalables à la conclusion de la vente

L'offre d'achat constitue un engagement formel de l'acheteur d'acquérir l'entreprise aux conditions qui y sont énoncées. Comme nous l'avons déjà vu, certaines circonstances permettent à l'acheteur de se libérer de son engagement. C'est notamment le cas si des représentations ou garanties du vendeur se révèlent inexactes, ou si des événements ont un effet négatif sur l'entreprise entre le moment de l'acceptation de l'offre et celui de la vente, ou si le vendeur manque à ses obligations pré-clôture prévues dans l'offre.

D'autre part, d'autres événements peuvent aussi empêcher l'acheteur de procéder à l'achat prévu.

Par exemple, l'impossibilité pour l'acheteur de conserver des employés jugés essentiels à la bonne marche de l'entreprise cible, le refus des autorités compétentes de permettre le transfert à l'acheteur des permis et licences nécessaires à la poursuite de l'exploitation de l'entreprise, le refus de cocontractants à des contrats majeurs de consentir au transfert de propriété, ou encore l'incapacité de l'acheteur à obtenir le financement nécessaire à la transaction.

Compte tenu du caractère obligatoire de l'engagement de l'acheteur à conclure l'achat de l'entreprise visée, l'offre doit décrire avec précision tous les événements et toutes les circonstances pouvant le dégager de cette obligation.

Toute situation non décrite dans l'offre ne constitue pas une excuse acceptable et ne permet pas à l'acquéreur de se soustraire à son obligation d'acheter. Il devra alors assumer les conséquences de son geste s'il ne tient pas compte de ce fait.

L. La procédure de conclusion de la vente

Comme mentionné au début de ce chapitre, l'offre décrit aussi toutes les transactions requises pour finaliser la vente.

Ces transactions peuvent être de plusieurs ordres, notamment l'obtention ou le transfert de permis ou de licences, l'obtention d'autorisations ou de consentements requis pour la transaction, la conclusion de contrats entre l'acquéreur et certains employés clé de l'entreprise.

Certaines ventes nécessitent aussi des transactions préalables spécifiques pour répondre aux besoins par- ticuliers de l'une ou l'autre des parties. Les plus fréquentes sont évidemment les transactions préparatoires à la vente, qui peuvent en minimiser les coûts fiscaux. Il peut aussi s'agir de transactions requises à d'autres fins comme la conclusion d'une convention collective plus équilibrée, l'obtention d'un contrat important avec un client ou un fournisseur, ou la conclusion d'une entente de service permettant à l'acheteur d'utiliser les systèmes informatiques du vendeur pendant un certain temps afin de faciliter la transition à ses propres systèmes.

L'offre décrit la liste des transactions qui seront requises au moment de la vente et prévoit aussi la date, l'heure et le lieu où ces transactions et la vente doivent être conclues.

M. Les engagements de non-concurrence du vendeur

Jusqu'ici, l'offre a traité de la protection de l'acheteur en ce qui concerne les employés de l'entreprise cible. Qu'en est-il maintenant des clients actuels et potentiels ?

Une mesure de protection souvent requise à cet égard consiste en des engagements de non-concurrence de la part du vendeur et d'autres personnes qui, par leurs fonctions antérieures et leurs contacts avec la clientèle, peuvent être en mesure de nuire sérieusement à l'entreprise après son acquisition, surtout si elles cessent d'y travailler.

Par ces engagements de non-concurrence, les personnes visées s'engagent tout d'abord à ne pas œuvrer dans une entreprise concurrente pendant un certain temps et dans un certain territoire.

Plusieurs de ces engagements prévoient d'autres obligations, dont celles de ne pas inciter les employés à quitter l'entreprise, de préserver la confidentialité des renseignements concernant l'entreprise, de remettre à l'entreprise tous les documents la concernant sans en conserver de copie, de ne pas nuire, de quelque façon que ce soit, aux relations entre l'entreprise et ses clients, fournisseurs et autres personnes avec lesquelles elle fait affaire. Certaines clauses de non-concurrence comportent de plus des pénalités en cas de contravention aux engagements qui y sont décrits.

La rédaction de tels engagements n'est pas une mince tâche. D'ailleurs, plusieurs juristes pourtant compétents l'ont réalisé à leurs dépens, les tribunaux décidant d'annuler ou de déclarer inapplicables les clauses de non-concurrence convenues dans les contrats qu'ils avaient rédigés.

Les tribunaux ne reconnaissent la validité d'un engagement de non-concurrence que si ce dernier est précis, clair et spécifique, surtout en ce qui concerne son champ d'application (les activités prohibées), son territoire et sa durée. L'engagement de non-concurrence sera également annulé si le tribunal conclut qu'il n'est pas limité à ce qui est raisonnablement nécessaire à la protection légitime des intérêts de l'acheteur (à savoir, la préservation de la clientèle qu'il acquiert).

N. Le dépôt au soutien de l'offre

Comme dans le cas d'une offre d'achat pour un immeuble, il est coutumier que l'offre d'achat d'une entreprise soit accompagnée d'un dépôt, par lequel l'acheteur entend démontrer le sérieux de son offre.

D'autre part, aucune loi n'exige un tel dépôt au soutien d'une offre d'achat, et le fait de ne pas en proposer n'influe aucunement sur la validité de l'offre.

La décision de faire ou non un dépôt ainsi que celle du montant doivent être prises par l'acheteur selon les circonstances propres à la transaction proposée et en tenant compte de l'impact que cela peut avoir sur la décision du vendeur d'accepter ou de refuser l'offre.

En matière d'acquisition d'entreprises, le dépôt peut jouer un autre rôle, soit indemniser le vendeur si l'acquéreur décidait de ne pas conclure la vente pour une raison autre que le manquement du vendeur à ses obligations décrites dans l'offre.

Ces cas peuvent être de deux ordres. Premièrement, il peut s'agir d'un cas où l'acheteur se retire de la transaction sans justification prévue à l'offre ; deuxièmement, de la situation où l'acheteur a le droit de se retirer suivant une disposition de l'offre qui ne dépend pas du vendeur (le cas le plus fréquent de ce type de retrait est celui où l'acheteur ne réussit pas à obtenir le financement nécessaire à l'achat).

Si le retrait n'est pas justifié, il est habituel de prévoir que le vendeur conserve le dépôt et qu'il peut même exercer ses droits en justice contre l'acheteur qui manque à ses obligations.

Par contre, lorsqu'il s'agit d'un retrait conforme à une clause de l'offre la réponse est beaucoup moins évidente. D'une part, l'acheteur exerce un droit convenu et ne doit pas être pénalisé; d'autre part, le vendeur a perdu temps et argent dans un processus de vente qui ne se conclut pas pour une raison indépendante de sa volonté.

Cette dernière possibilité nécessite une négociation cas par cas et la réponse peut être différente d'une transaction à une autre.

O. Le délai et les modalités d'acceptation de l'offre

Un dernier point, qui peut sembler routinier et mineur mais sur lequel l'offre doit être précise, concerne le délai d'acceptation de l'offre et la façon que l'offre peut être acceptée.

Plusieurs débats judiciaires fort coûteux en matière d'acquisitions ratées ont porté sur la question de savoir si l'offre avait été acceptée ou non, ou si l'acheteur avait le droit de la retirer.

Parmi les questions soulevées dans ces procès, on retrouve les suivantes :

- Le vendeur avait-il accepté l'offre dans le délai prévu, même s'il n'a communiqué cette acceptation à l'acquéreur qu'après l'expiration de ce délai ?

- La communication verbale de l'accord du vendeur à un conseiller ou à un agent de l'acheteur constitue-t-elle une acceptation valable de l'offre ?

- Dans quel délai le vendeur doit-il accepter une offre qui ne comporte pas de délai fixe d'acceptation ? L'acheteur peut-il retirer une telle offre et, si oui, quand et comment ?

- Le vendeur a-t-il dûment accepté l'offre au moment où il a mis son acceptation à la poste ou au moment où l'acheteur l'a reçue ?

Pour prévenir des contestations éventuelles, l'offre bien rédigée doit contenir ce qui suit :

1. Un moment fixe (date et heure) avant lequel l'offre doit être dûment acceptée, à défaut de quoi elle devient automatiquement nulle ;

2. Les modalités précises d'acceptation. Ainsi l'offre peut prévoir qu'elle ne sera acceptée qu'au moment où un exemplaire original dûment signé par le vendeur aura été reçu par l'acquéreur à un endroit spécifié à l'offre.

Le fait de prévoir clairement le délai et les modalités d'acceptation n'est pas très complexe, mais cela peut prévenir de longs et douloureux débats par la suite.

P. Le rejet habituel de l'offre dans sa forme initiale

Malgré tout le soin investi par l'acquéreur et ses conseillers dans la rédaction de l'offre d'achat, il est très rare que le vendeur l'accepte intégralement et sans autre négociation entre les parties.

Cette constatation est facile à comprendre, étant donné l'importance primordiale de l'offre au sein du processus d'achat d'une entreprise.

Comme l'offre d'achat constitue véritablement la clé de voûte de toute la transaction, les deux parties ont intérêt à ce qu'elle contienne bien tous les éléments importants pour chacune d'entre elles.

Une fois l'offre faite et acceptée, il est habituellement trop tard pour soulever un point oublié. L'autre partie a alors beau jeu pour simplement répondre qu'il n'était pas prévu à l'offre.

Même en ce qui concerne le texte de l'offre, l'expérience a démontré qu'il est dangereux de se contenter d'un texte sommaire et d'attendre au moment de la rédaction de l'acte de vente final pour le compléter. Trop souvent cette procédure a résulté en de longues et pénibles discussions dans les quelques jours précédant la vente, le vendeur voulant le plus souvent s'en tenir au texte élémentaire de l'offre et s'objectant à toute tentative de l'acheteur d'y ajouter les éléments manquants ou de préciser ceux déjà inscrits.

Pour toutes ces raisons, l'acquéreur doit tenir compte, au moment de la rédaction de son offre, de la très grande difficulté qu'il pourra avoir à y ajouter des clauses et de la forte probabilité qu'il devra en négocier le contenu avec le vendeur.

Ces probabilités devraient inciter l'acheteur à préparer une offre très complète, précise et détaillée, qui lui laisse assez de marge pour faire d'autres compromis lors des négociations qui en suivront le dépôt.

CHAPITRE

8

La vérification et
les étapes pré-clôture

A. Ce qui devrait se passer entre le moment de
    l'acceptation de l'offre et la clôture 158
B. La vérification pré-clôture 159
C. Que faire en cas de découverte
    d'un problème imprévu ? 161
D. Les étapes pré-clôture 165
E. Préparation de la transition 167
Conclusion 170

A. Ce qui devrait se passer entre le moment de l'acceptation de l'offre et la clôture

Après les quelques jours de négociation qui ont suivi le dépôt, l'acceptation de l'offre d'achat est habituellement reçue avec joie et soulagement par l'acheteur et ses conseillers. Le vendeur a accepté de vendre à des conditions acceptables aux deux parties ; la mission semble accomplie. Mais l'est-elle vraiment ?

Malheureusement, l'acceptation de l'offre est souvent perçue comme la fin de la période intensive de travail, ce qui a pour effet d'occasionner un relâchement de la vigilance de l'acheteur. Certains croient qu'ils n'ont plus à s'en faire ; l'affaire est conclue. Il ne reste qu'aux avocats à rédiger l'acte de vente final et à voir aux formalités techniques du transfert de propriété.

Une telle attitude peut être très dangereuse pour l'acheteur. Puisque l'offre d'achat permet maintenant un accès quasi illimité aux biens et aux livres de l'entreprise, l'acheteur prudent devrait en profiter pour s'assurer de l'état réel de l'entreprise, de l'absence de problèmes potentiels et, surtout, pour se prémunir contre les mauvaises surprises qui pourraient n'apparaître autrement qu'une fois la vente faite.

D'autre part, outre l'aspect technique, juridique et comptable de la transaction, l'acheteur doit maintenant se préoccuper de la transition.

Il faut que le plan de transition soit en place avant la clôture, puisque certaines étapes devront être accomplies cette journée même.

Nous verrons maintenant les principales vérifications que doivent faire l'acheteur et ses conseillers entre le moment de l'acceptation de l'offre et celui de la clôture, également, certaines des étapes préparatoires à cette clôture.

158

B. La vérification pré-clôture

Les vérifications ont été faites jusqu'ici dans le but de déterminer si l'acheteur était vraiment disposé à acquérir l'entreprise, et à quelles conditions. Bien qu'elles aient pu permettre la découverte de certains problèmes, telle n'était pas leur utilité première.

Encore plus, toutes les vérifications préalables à l'acceptation d'une offre d'achat sont souvent limitées par le vendeur. Celui-ci peut se montrer très réticent à divulguer certaines informations sans savoir si l'acheteur déposera une offre d'achat sérieuse, et encore moins s'il pourra s'entendre avec lui sur les conditions de la vente de l'entreprise.

L'offre acceptée permet maintenant au vendeur (et très souvent l'oblige) à faire cette divulgation.

Les sujets sur lesquels doit porter la vérification pré-clôture peuvent varier d'une entreprise à l'autre. L'acheteur doit vérifier avec soin tout ce qui présente un intérêt pour lui. Tantôt ce sera l'actif (notamment confirmation du titre de propriété du vendeur, évaluation et inspection physique), tantôt certains contrats importants pour l'entreprise (par exemple droits de l'entreprise, possibilité de cession à l'acheteur, conditions générales, durée), et tantôt les employés (comme la confirmation des conditions d'emploi, la négociation avec les employés clés de contrats de travail qui deviendront effectifs à la clôture). En fait, la liste des sujets pouvant être abordés au cours de la vérification pré-clôture est presque illimitée.

La première tâche de l'acquéreur et de ses conseillers est d'établir un plan de vérification.

La première partie de ce plan décrira tout ce qui doit être vérifié.

Vous trouverez en annexe au présent volume une grille sommaire des sujets les plus souvent abordés lors d'une vérification pré-clôture d'achat d'actions. S'il s'agit d'un

159

achat de l'actif, la liste demeure sensiblement la même, sauf que la partie relative à la personnalité juridique de l'entreprise vise le vendeur (avec un peu moins de détails) si ce dernier est une compagnie.

Cette liste est cependant à la fois trop exhaustive et pas assez.

Trop, parce qu'elle contient des éléments sans importance et non pertinents pour certaines transactions. Par exemple, la recherche de titres n'est pas pertinente lorsqu'il n'y a pas d'immeubles alors que l'inspection du mobilier par un expert peut être sans importance si l'acheteur acquiert vraiment un achalandage et ne se soucie pas des biens corporels.

Pas assez, parce que certains éléments qui ne se retrouvent pas habituellement dans des transactions de cette nature, ce qui explique leur absence de la liste, peuvent avoir un impact majeur sur une transaction proposée. Par exemple, l'étude détaillée des normes relatives au maintien des quotas de production peut être un sujet important de la vérification pré-clôture d'une entreprise de production laitière.

Il est nécessaire que la liste des points à vérifier retenue par l'acheteur tienne compte :

- des éléments importants de la transaction ;

- des objectifs de l'acheteur relativement à cette transaction ;

- des biens et autres éléments de la transaction qui peuvent servir comme sûretés pour un financement actuel ou futur (puisque les financiers s'assurent à leur tour que ces biens ne sont susceptibles d'aucune difficulté prévisible) ;

- des problèmes et difficultés révélés par le vendeur avant ou au moment de l'acceptation de l'offre d'achat ou qui, pour une raison quelconque, ne font pas partie des garanties et représentations du vendeur.

Au cours de ce travail de vérification, il ne faut pas hésiter à demander un prolongement de délai au vendeur si des renseignements ne sont pas obtenus dans les délais prévus à l'offre ou rapidement après que la demande en ait été faite par l'acquéreur. Sauf dans certains cas très exceptionnels, il m'apparaît plus important de bien faire tout le travail de vérification que de le bâcler par manque de temps.

D'ailleurs, le délai prévu à l'offre doit être négocié de façon à laisser à l'acheteur le temps nécessaire pour mener cette vérification à bonne fin.

C. Que faire en cas de découverte d'un problème imprévu ?

Lors d'une vérification pré-clôture, on espère généralement ne rien découvrir qui soit défavorable à la conclusion de la transaction. Ceci n'est malheureusement pas toujours le cas.

Que faire lorsqu'une vérification révèle une difficulté non divulguée à l'acheteur ?

Selon mon expérience, l'acheteur prudent devrait baser son action sur les principes suivants :

1. Agir rapidement.

Il ne faut surtout pas que l'acheteur attende à la date de clôture pour révéler le problème au vendeur. En agissant rapidement, il accroît de beaucoup les chances de le résoudre, ou que les parties en viennent à s'entendre sur des modifications aux conditions de vente à titre de compensation.

Cette rapidité requiert que toutes les personnes auxquelles des tâches relatives à la divulgation ont été déléguées accomplissent leurs travaux avec diligence et avisent l'acheteur dès qu'ils découvrent une difficulté, même si l'importance et la nature précise du problème n'ont pas encore été étudiées à fond.

2. Déterminer la nature précise du problème.

Dès qu'un problème est soulevé, l'acheteur doit immédiatement s'efforcer à en rechercher la nature précise.

L'acheteur pouvant avoir besoin de l'aide de certains de ses conseillers pour analyser le problème, il faut aussi que son plan de vérification permette à ses principaux conseillers de se dégager des autres sujets de vérification sans que le travail cesse ou soit retardé pour autant.

3. Vérifier l'impact du problème sur la transaction proposée.

Une fois la nature du problème identifiée, l'acheteur doit ensuite s'interroger sur l'impact de cette difficulté sur la transaction proposée.

Certains problèmes sont si importants que l'acheteur refusera de conclure l'achat si le problème n'est pas résolu à sa satisfaction. D'autres problèmes peuvent être compensés par des concessions du vendeur quant aux conditions de la vente (prix, modalités de paiement, et autres). Une troisième catégorie de problèmes peut se prêter à des solutions particulières. Par exemple, le vendeur conclura une entente spécifique avec l'acheteur en vertu de laquelle les parties conviennent d'un mode de réparation spécifique si la difficulté se matérialise.

Il est donc important que l'acheteur détermine avec précision dans quelle catégorie se situe le problème avant d'aborder le vendeur à ce propos. Il est inutile de négocier une diminution du prix de vente si la solution au problème est essentielle à la conclusion de la vente.

L'acheteur doit aussi vérifier l'impact que peut avoir le problème sur d'autres transactions accessoires à la vente. Par exemple, s'il s'agit d'un vice mineur concernant les titres d'un immeuble, il peut-être enclin à accepter le risque inhérent à ce problème en contrepartie d'une légère diminution du prix de vente. Par contre, si l'institution financière qui lui prête les fonds nécessaires à l'achat requiert une sûreté sur cet immeuble, elle pourra refuser d'accorder le financement promis à cause de cette difficulté de titres. L'acheteur doit connaître l'effet possible du problème avant d'entreprendre la discussion avec le vendeur.

4. Confirmer ses droits en vertu de l'offre acceptée.

Sur un autre plan, l'acheteur doit vérifier avec ses conseillers juridiques quels sont ses droits en vertu de l'offre acceptée. Si le problème est important et l'offre a été bien rédigée, il s'agit le plus souvent d'une violation aux garanties et représentations du vendeur, ce qui lui permet, s'il le désire, de se dégager de son obligation d'achat. Selon la nature du problème, l'offre peut cependant prévoir certains autres remèdes spécifiques.

La plupart des vendeurs et acheteurs d'entreprises étant d'abord des personnes désireuses de conclure de bonnes affaires, les difficultés découvertes à l'occasion des vérifications pré-clôture font le plus souvent l'objet d'ententes entre les parties.

Aussi l'exercice visant à déterminer les droits et recours de l'acheteur en raison de la difficulté ne sera pas accompli dans le seul but d'exercer ces droits et recours, mais beaucoup plus afin de permettre à l'acheteur d'entreprendre des discussions sur le sujet avec de meilleurs outils et de mieux situer sa position de recul au cas où les négociations avec le vendeur n'apporteraient pas de réponse satisfaisante.

5. Suivre rapidement la procédure décrite à l'offre et conserver un dossier détaillé du problème.

Dans plusieurs cas, l'offre contient une procédure (parfois sommaire, parfois détaillée) que l'acheteur doit suivre à compter du moment où un problème est découvert au cours de ses vérifications pré-clôture.

Or, comme la tendance de plusieurs acheteurs est de simplement contacter le vendeur pour entreprendre avec lui des discussions sur les modes de règlement possibles du problème, il leur arrive de ne pas suivre la procédure

163

décrite à l'offre, préférant attendre le résultat de leurs discussions avant de se décider à exercer les mesures qui s'y trouvent.

Il s'agit d'une pratique extrêmement dangereuse puisque, en omettant de suivre dès le début cette procédure, l'acheteur met en péril ses recours éventuels en vertu de l'offre.

Comprenons-nous bien : la pratique de négocier une situation avant d'exercer des recours est elle-même fort louable et souvent bénéfique aux deux parties. Malgré tout, l'acheteur prudent devrait aviser le vendeur promptement et par écrit du problème et suivre, le cas échéant, la procédure prévue à l'offre.

De même, l'acquéreur doit tenir un dossier dans lequel sont consignés la nature du problème, son impact sur la transaction, sur les communications écrites et verbales le concernant et sur la teneur des différentes négociations qu'il a eues avec le vendeur afin de tenter de le résoudre.

Comme le dit un proverbe fort sage : « Qui veut la paix prépare la guerre ». Aussi l'acheteur se tiendra constamment prêt à exercer ses droits sans fléchir prématurément si la négociation n'apporte pas la solution espérée.

6. Rechercher une solution acceptable et la négocier avec le vendeur.

Une fois les étapes précédentes franchies, l'acheteur et ses conseillers doivent chercher à négocier avec le vendeur des solutions qui permettent de régler la difficulté ou, s'il consigère cette option possible et acceptable, de conclure la transaction malgré le problème.

Le résultat de cette négociation, s'il est positif, doit faire immédiatement l'objet d'une entente écrite qui viendra modifier l'offre acceptée. Ceci assure que l'entente est claire et que les deux parties ne reviendront pas sur leur parole.

Certains problèmes ne peuvent être résolus avec le vendeur. Dans ces cas, l'offre contient souvent une clause selon laquelle l'acquéreur peut décider de ne pas acheter. Se pose alors un dilemme pour lui : s'il achète, il assume une situation moins avantageuse que prévue (qu'il n'aurait peut-être pas acceptée s'il l'avait connue avant le dépôt de l'offre) : s'il renonce à l'achat, il perd le montant (souvent très important à ce stade-ci) des frais engagés dans la transaction.

Bien qu'il n'y ait pas de réponse unique, je suis personnellement convaincu que l'acheteur doit prendre sa décision sans tenir compte des efforts déployés et des frais engagés jusqu'alors.

Ceci ne signifie pas que l'acheteur ne doit pas procéder à l'achat lorsqu'une difficulté apparaît en cours de vérification. Selon moi, il doit prendre la décision d'acheter ou de ne pas acheter de la même façon que s'il avait connu le problème plus tôt.

Les frais engagés dans le processus d'acquisition doivent être considérés en tout temps comme un investissement à risque. Cet investissement peut être perdu, et la possibilité de cette perte ne doit jamais, à mon avis, faire conclure à l'acheteur une transaction dont il se serait autrement retiré.

Dans les quelques occasions où j'ai vu conclure une transaction devenue moins intéressante seulement afin de ne pas perdre le montant investi dans la démarche d'achat, la transaction a le plus souvent entraîné des difficultés et des problèmes qui ont coûté beaucoup plus cher à l'acheteur que les frais qu'il aurait perdus autrement.

D. Les étapes pré-clôture

Outre ses vérifications, l'acheteur doit effectuer un certain nombre d'étapes supplémentaires entre le moment de l'acceptation de l'offre d'achat et la date de la clôture.

Certaines de ces étapes doivent être accomplies par l'acheteur avec l'aide de ses conseillers. Cette première série d'étapes concerne notamment, selon la nature de la transaction, l'obtention du financement requis pour l'achat ou de la portion du montant payable à la clôture, la préparation de la procédure corporative (entre autres, résolutions, constitution d'une nouvelle compagnie, modification à la structure de la compagnie de l'acheteur) selon la structure de la transaction et certaines autres étapes d'ordre fiscal parfois requises (telles que l'obtention d'une décision anticipée d'un ministère du Revenu quant à certains aspects de la transaction proposée ou d'un certificat d'exemption de la taxe de vente).

Certaines décisions juridiques et techniques doivent être prises rapidement par l'acheteur et transmises à ses conseillers afin qu'elles soient ajoutées aux documents devant être signés à la clôture. Nous retrouvons dans cette catégorie les décisions relatives au choix des administrateurs et des dirigeants de l'entreprise acquise, à la banque où celle-ci fera dorénavant affaire, aux vérificateurs ou experts-comptables, au siège social, à la date de la fin de l'exercice, au changement de cabinet d'avocat et autres choix. L'acheteur doit prendre et transmettre toutes les décisions d'ordre technique, juridique et financier qui lui permettront de prendre véritablement la direction de l'entreprise dès la fin de la clôture.

Une troisième catégorie d'étapes pré-clôture comprend les formalités que l'acheteur et le vendeur doivent accomplir de concert.

Lorsque le vendeur, en vertu de contrats, doit obtenir le consentement de tierces personnes (bailleurs, fournisseurs, concédants de technologie, locateurs d'équipement, et autres), l'acheteur doit souvent l'assister dans ces démarches. Avant de décider si elles accordent ou non leur consentement ou leur autorisation, ces tierces personnes voudront souvent obtenir des renseignements complets sur l'acquéreur, et parfois même le rencontrer afin de le connaître, d'évaluer son sérieux et la direction qu'il entend donner à l'entreprise.

Bien que l'offre prévoie généralement que la responsabilité de l'obtention de ces consentements repose sur les épaules du vendeur, l'acheteur doit régulièrement s'intéresser activement au processus visant à leur obtention.

D'autres étapes propres à chaque transaction peuvent requérir le travail en commun de l'acheteur et du vendeur, par exemple, le transfert des permis cédés à l'acheteur ou la négociation d'une nouvelle convention collective. Lorsque ces étapes constituent des conditions importantes de la transaction, le vendeur seul ne peut les accomplir. L'inventaire des stocks, la détermination de leur valeur, le décompte de l'encaisse, l'établissement de la liste des comptes à recevoir sont aussi des travaux qui nécessitent la collaboration de l'acheteur et du vendeur.

E. Préparation de la transition

Écartons-nous de l'aspect purement technique du processus d'achat et tournons-nous maintenant vers la reprise de la gestion de l'entreprise cible par l'acheteur.

À la signature des documents de clôture, l'acheteur devient immédiatement propriétaire de l'entreprise et, dans la seconde qui suit, il doit être en mesure de l'exploiter activement sans perturber indûment sa bonne marche.

Ceci ne se fait pas automatiquement par la simple signature du contrat de vente. Il est absolument nécessaire que l'acheteur entreprenne la préparation de la transition dès que son offre d'achat est acceptée. Cette préparation peut comprendre plusieurs aspects différents, mais tous nécessaires.

L'acheteur doit notamment s'assurer qu'à la date de clôture :

1. Il possédera tous les permis requis pour l'exploitation de l'entreprise ;

2. Il aura conclu une entente satisfaisante pour toutes les parties avec les employés qu'il entend

167

conserver et ceux-ci auront été dûment informés, en temps utile, de la transaction et de ce qui les attend. Ceci, afin de prévenir un sentiment d'insécurité apte à perturber gravement le fonctionnement de l'entreprise ;

3. Les arrangements requis seront pris et mis en place, de façon que toutes les transactions de l'entreprise cible soient faites, à compter du moment de la clôture, pour son compte et son bénéfice ;

4. Les systèmes d'information, les livres, les dossiers, les registres et toute la documentation concernant l'entreprise lui seront remis. À l'égard des systèmes d'information (par exemple les ordinateurs) conservés par le vendeur, il devra avoir accès aux données qui y sont contenues de façon à poursuivre sans délai l'exploitation de l'entreprise et de permettre le transfert de ces données sur ses propres systèmes d'information. Cette étape de la transition peut nécessiter des ententes accessoires à la vente ;

5. Tous les enregistrements (notamment ceux à titre d'employeur auprès des ministères du Revenu et ceux au titre de la taxe de vente et de la taxe sur les produits et services), les ententes, les contrats et les permis cessibles lui seront transférés dès la clôture et que toutes les personnes concernées seront dûment informées du transfert ;

6. Les arrangements bancaires et financiers (par exemple la marge de crédit de l'entreprise) seront en place pour assurer un transfert immédiat des transactions ;

7. Les différentes assurances requises pour couvrir l'entreprise seront en vigueur dès la signature de l'acte de vente ;

8. La structure de gestion sera aussi en place. Et non seulement cela, elle devra de plus être dès lors communiquée à tous les employés de l'entreprise et à toutes les personnes appelées à traiter avec les gestionnaires, afin d'éviter une période de flottement qui peut être néfaste aux affaires de l'entreprise.

Enfin, et ceci ne représente pas la moindre tâche dans la préparation de la transition, l'acheteur doit souvent établir, généralement avec le vendeur, un plan de communication interne et un plan de relations publiques.

À l'interne, ce plan sera nécessaire pour bien transmettre à toutes les personnes concernées, surtout les employés, les changements apportés par l'acheteur ainsi que ses objectifs, ses attentes et l'avenir qu'il entrevoit pour l'entreprise sous sa direction.

Il est très important de savoir que la vente de l'entreprise génère souvent un fort sentiment d'insécurité et un haut niveau de stress chez les employés de l'entreprise acquise et, parfois, chez les employés de l'entreprise de l'acquéreur.

Conserveront-ils leur emploi ? Leurs conditions de travail seront-elles modifiées ? Quelles sont les normes d'évaluation de l'acheteur ? Qui seront les nouveaux dirigeants ?

Voilà autant de questions que se poseront tout naturellement les employés dès qu'une rumeur d'acquisition parviendra à leurs oreilles, ce qui se produit souvent avant même qu'une offre d'achat formelle ait été acceptée.

Ce sentiment d'insécurité, s'il n'est pas rapidement endigué par un plan de communication qui répond aux principales préoccupations des employés, peut avoir un impact défavorable sur l'entreprise. Nombre d'employés peuvent décider de quitter plutôt que de courir le risque d'être mis à pied, et les gestionnaires peuvent ralentir leur travail et mettre de côté plusieurs projets importants pour l'entreprise cible, de crainte que ceux-ci ne répondent pas aux objectifs de l'acheteur.

À l'externe, par exemple chez les clients actuels ou potentiels et chez les fournisseurs de produits et de services, un phénomène semblable peut se produire, d'autant plus que les concurrents peuvent tenter de tirer avantage de cette période d'incertitude pour s'accaparer certains employés et clients et tenter d'accroître leur part de marché au détriment de l'entreprise.

Il s'agit là de préoccupations importantes sur lesquelles l'acquéreur aurait tort de se fermer les yeux. Un plan de communication et de relations publiques (lequel peut aussi être accompagné d'une campagne de publicité ou de promotion) bien planifié, orchestré et véhiculé constitue un outil dont peu d'acquéreurs peuvent se passer.

Conclusion

Tous les travaux et toutes les démarches décrits dans ce chapitre doivent habituellement être accomplis dans un délai de deux à huit semaines selon la nature, l'importance et la complexité de la transaction.

Il s'agit d'une phase très intensive de travail qui nécessite une bonne dose de planification, d'organisation et de suivi de plusieurs tâches qui doivent souvent être accomplies au même moment par des personnes différentes.

L'intensité de cette période est d'autant plus grande qu'il faut parfois poursuivre au même moment certaines autres négociations avec le vendeur, notamment en ce qui concerne plusieurs formalités pré-clôture, des difficultés dans le processus de vérification, la découverte de problèmes et le plans de communications.

Le travail de préparation de la clôture est également délicat. L'acheteur doit d'une part préparer la clôture et la transition tout comme s'il était absolument certain que la vente sera finalisée et, d'autre part, éviter de se compromettre de façon à ne plus pouvoir se retirer si une difficulté majeure survenait ou si le vendeur manquait à ses engagements en vertu de l'offre.

Aussi tous les documents, ententes, permis, autorisations et formalités auxquels l'acheteur doit participer doivent être conditionnels à la l'achèvement de la clôture. De plus, toutes les communications doivent mentionner clairement que la vente n'est pas encore finale.

Dans cette phase, l'acheteur doit faire appel avec confiance à ses conseillers puisqu'il ne peut évidemment pas tout faire seul. La qualité de ces conseillers détermine en grande partie la qualité du travail préparatoire à la clôture.

CHAPITRE

9

La clôture

A. Qu'est-ce que cette fameuse « clôture » ? 174

B. Le contrat de vente 175

C. L'affidavit de vente en bloc 178

D. La documentation corporative 180

E. Les certificats de dirigeants et
   les déclarations solennelles 180

F. Les consentements et autorisations...................... 181

G. Les libérations et les quittances 181

H. Les contrats et ententes accessoires 182

I. Les actes accessoires au transfert 183

J. Les choix fiscaux... 183

K. Le paiement et les sûretés 184

L. Les rapports et documents à produire 184

M. Les avis.. 185

N. Les opinions juridiques 185

O. Le programme de clôture..................................... 186

P. L'entiercement des documents de clôture 189

Conclusion... 190

A. Qu'est-ce que cette fameuse « clôture » ?

Comme plusieurs autres domaines de l'activité humaine, l'acquisition d'entreprises possède son jargon. On y retrouve des anglicismes tels que « *due diligence* » qui se réfère au processus de vérification de l'entreprise acquise, et « clôture », un terme utilisé à plusieurs reprises dans les deux chapitres précédents.

La clôture est cette étape du processus d'achat où le contrat de vente est signé et toutes les autres formalités requises pour le transfert légal de l'entreprise sont accomplies.

Il faut faire attention au sens de ce terme. Bien qu'il signifie le moment de la signature de l'acte de vente et de transfert, il ne se réfère pas toujours au moment où la vente devient effective. Beaucoup de transactions prennent effet avant ou après la clôture.

Par exemple, afin d'être capable d'annexer une liste à jour des stocks et un décompte final des comptes à recevoir et de l'encaisse établis au moment du transfert de propriété, les parties peuvent convenir que ce transfert prendra effet un dimanche matin à minuit précis. En présumant que l'entreprise est fermée le dimanche, aidées de leurs représentants, elles en profiteront pour faire l'inventaire ainsi que le décompte de l'encaisse et pour dresser une liste des comptes à recevoir, le tout pouvant être prêt pour le lundi matin. La clôture n'a lieu que le lundi, et l'acte de vente prévoit spécifiquement que le transfert de propriété prend effet la veille.

Dans d'autres cas, et pour des raisons différentes, les parties voudront signer l'acte de vente et accomplir les formalités de clôture avant que la vente prenne effet. On prévoira alors dans les contrats des mécanismes de détermination du montant des stocks, de l'encaisse et des comptes à recevoir. D'autres éléments non connus à la signature des contrats, ainsi qu'un mécanisme d'ajustement ultérieur à la clôture les concernant, peuvent être prévus.

Le mot « clôture » se réfère au moment où sont signés le contrat et les autres documents requis pour rendre la vente effective et non pas nécessairement au moment où la vente prend effet.

Ce mot est aussi utilisé dans différentes expressions. On parle de « séance de clôture » pour désigner la réunion au cours de laquelle sont signés l'acte de vente et les autres documents constatant le transfert de propriété et de « documentation de clôture » ou « documents de clôture » pour se référer aux différentes ententes conclues et aux formalités accomplies à ce moment.

Nous verrons maintenant les principaux documents et les formalités qui font de la séance de clôture plus qu'une séance de signature d'un acte de vente. Ce qui suit n'est qu'une description sommaire des étapes et documents les plus souvent rencontrés lors de clôtures d'achat d'entreprises. Dans presque tous les cas, d'autres étapes, documents et formalités sont requis pour les besoins spécifiques de la transaction, des parties ou de l'entreprise vendue.

Je vous présente la documentation de clôture dans un ordre qui facilite sa compréhension ; de façon générale, l'ordre dans lequel on la retrouve au moment d'une clôture est différent. Certaines techniques légales, corporatives et fiscales nécessitent de traiter les différentes transactions de clôture dans un ordre chronologique précis, une contrainte dont je n'ai pas à tenir compte ici.

B. Le contrat de vente

Le document clé de la clôture est le contrat de vente.

Son contenu est semblable à celui de l'offre d'achat préalablement faite et acceptée. Afin de ne pas me répéter, je vous renvoie au chapitre portant sur l'offre d'achat pour ce qui est des différentes sections que comporte un tel document.

La similitude entre l'offre d'achat et le contrat de vente est telle que certains spécialistes ont pris l'habitude de préparer simplement un court contrat de vente. On y mentionne que, les parties convenant que les conditions de l'offre ont été remplies, la vente est conclue aux conditions décrites à l'offre.

À mon avis, il s'agit d'une pratique non appropriée. Malgré la très grande similitude, il y a quand même des différences importantes entre le contrat de vente et l'offre d'achat, entre autres :

1. Les garanties et représentations du vendeur doivent être mises à jour à la date de la vente.

Elles sont à jour au moment de l'acceptation de l'offre. Il peut cependant s'écouler quelques semaines entre le moment de l'acceptation et la vente, et cette période ne se trouve pas couverte par les garanties et représentations faites à l'offre.

2. Les étapes pré-clôture doivent être rédigées en termes différents.

Une des sections importantes de l'offre d'acquisition est la description de ce qui doit se passer entre le moment de l'acceptation de l'offre et la clôture.

Or, au moment de la clôture, ces étapes ont été accomplies, et parfois, autrement que décrit dans l'offre.

Cette partie du document, selon le cas, ne doit pas apparaître dans l'acte de vente ou être rédigée en d'autres termes. Au lieu de décrire les engagements que doit remplir le vendeur avant la clôture, on ajoute une représentation et garantie par laquelle celui-ci certifie formellement avoir accompli toutes les démarches et étapes prévues à l'offre.

3. Plusieurs autres clauses de l'offre doivent être adaptées de façon à tenir compte de la réalisation de la vente.

Outre les étapes pré-clôture, plusieurs autres aspects de l'offre nécessitent des modifications.

Par exemple, les clauses prévoyant le droit de l'acheteur de se soustraire dans certains cas à son obligation d'acheter ne sont évidemment plus pertinentes. Les clauses relatives à l'obligation de l'acheteur de payer la totalité ou une partie du prix de vente à la clôture doivent être remplacées par des clauses portant que ce montant a été payé et que le vendeur en donne quittance.

Selon les circonstances propres à chaque transaction, certains ajustements sont requis pour qu'il apparaisse clairement dans l'acte de vente que le marché est maintenant conclu entre les parties.

4. Certaines transactions décrites dans l'offre n'ont pas à être reproduites à l'acte de vente, et vice-versa.

Ainsi, s'il est prévu dans l'offre d'achat que l'acheteur forme une nouvelle compagnie qui se portera acquéreur de l'actif, l'acte de vente n'a qu'à être signé par le vendeur et cette nouvelle compagnie. Il n'est pas nécessaire d'y indiquer que l'acheteur est la personne ou entité qui a fait l'offre, et qu'il a par la suite formé cette nouvelle compagnie.

5. Les clauses de l'offre doivent être corrigées pour tenir compte de ce qui s'est produit entre l'acceptation de l'offre et la clôture.

Comme nous avons pu le constater au chapitre précédent, il arrive souvent qu'entre le moment de l'acceptation de l'offre et celui de la clôture, l'acheteur découvre des difficultés imprévues au moment de l'offre, ou encore que des formalités pré-clôture décrites à l'offre soient impossibles à accomplir de la façon décrite. Par exemple, des consentements au transfert requis par des contrats importants auront été assujettis à des conditions spéciales ou à des modifications aux termes de ces contrats.

Ces circonstances donnent aussi souvent lieu à de nouvelles négociations entre les parties, qui peuvent aboutir à certains changements dans les conditions de la vente.

Au terme de cette étape, en rédigeant le contrat de vente il faut tenir compte de tous ces faits nouveaux et de ces changements afin que celui-ci reflète bien l'entente des parties à la date de la vente, laquelle peut différer quelque peu de l'entente conclue au moment de l'offre. De même, les représentations et garanties du vendeur doivent aussi être alors modifiées pour tenir compte des faits nouveaux découverts par l'acheteur à l'occasion de ses vérifications pré-clôture.

Aussi, et sans pour cela modifier totalement le texte de l'offre d'achat, il y a généralement lieu, selon moi, de préparer et de signer à la clôture un contrat de vente formel qui confirme le transfert de propriété de l'entreprise ainsi que les conditions précises de ce transfert. Ce contrat et les autres documents signés au même moment remplaceront alors l'offre d'achat.

C. L'affidavit de vente en bloc

Cette étape fort importante de la clôture n'est nécessaire que lorsqu'il s'agit d'une vente de l'actif ; elle n'est donc pas requise lors d'une vente des actions.

Le Code civil qualifie la vente d'une partie importante ou de la totalité de l'actif d'une entreprise de « vente en bloc ».

Dans le cas d'une telle vente, les articles du Code civil se préoccupent de la protection des intérêts des créanciers du vendeur. En fait, l'un des principes fondamentaux de notre droit veut que les biens d'un débiteur constituent le gage commun de ses créanciers. Bien qu'il s'agisse d'un principe qui comporte de très nombreuses exceptions, le législateur en a quand même tenu compte dans la rédaction des articles du Code civil portant sur la vente en bloc.

Lorsqu'une personne ou une entreprise dispose d'une partie importante de son actif, elle encaisse, en touchant le prix de vente, la valeur de ses biens. Or, suivant le principe que nous venons de voir, les créanciers du vendeur se trouvent ainsi à perdre les garanties du remboursement de leur dû.

Aussi, afin d'assurer une certaine protection des droits de ces créanciers, le Code civil énonce, aux articles 1569a à 1569e, un certain nombre de formalités qui doivent être respectées à l'occasion de toute vente en bloc ainsi que des recours possibles de la part des créanciers du vendeur si ces formalités ne sont pas suivies.

La première de ces formalités, et celle dont l'impact est le plus immédiat lors d'une vente d'actif, apparaît à l'article 1569b du Code civil. Il d'agit de l'obligation, pour l'acheteur, d'exiger de son vendeur un « affidavit contenant les noms et adresses de tous les créanciers dudit vendeur, les montants dus ou à échoir à chacun de ces créanciers et la nature de chaque créance, c'est-à-dire, si c'est pour salaire, deniers prêtés, marchandises vendues et livrées ou pour autre chose ».

Cette déclaration doit être préparée autant que possible selon la forme décrite au Code civil et être signée par le vendeur ou, si le vendeur est une société ou une compagnie, par son président, son secrétaire ou son gérant.

Le Code civil prévoit des sanctions très sévères si l'acheteur néglige d'obtenir cet affidavit du vendeur. Le dernier paragraphe de l'article 1569c édicte que, dans un tel cas, « cette vente est alors réputée frauduleuse et, à l'égard des créanciers du vendeur, nulle et de nul effet, à moins que tous les créanciers du vendeur ne soient payés en entier à même le produit de cette vente. »

Une fois la déclaration obtenue du vendeur, le Code civil impose aussi à l'acheteur de l'actif d'une entreprise l'obligation de « payer aux créanciers y indiqués, au prorata de leurs réclamations et suivant les contrats qui peuvent exister entre eux et le vendeur, eu égard toutefois à tous les privilèges établis par la loi, les sommes dues auxdits créanciers ou la proportion de ces sommes qui peut leur être payée à même le prix d'achat. »

D. La documentation corporative

Selon la nature précise de la transaction principale et selon aussi les transactions accessoires pouvant être requises pour la clôture, il y a généralement différentes formalités corporatives à accomplir.

Ainsi, si le vendeur ou l'acheteur sont des compagnies, il y a lieu d'obtenir des résolutions des administrateurs approuvant les différentes ententes et transactions de clôture. Certaines de ces résolutions devront aussi parfois être entérinées par une résolution des actionnaires.

Dans le cas d'une vente d'actions, la documentation corporative risque d'être plus impressionnante. En plus de préparer les résolutions du vendeur et de l'acheteur, il faudra alors apporter aux livres et registres de la compagnie dont les actions sont vendues toute une série de modifications, dont les plus habituelles concernent les changements d'administrateurs et de dirigeants, l'adoption de nouveaux règlements et résolutions bancaires, l'adoption d'une nouvelle date de fin d'exercice, le changement de vérificateurs ou d'expert-comptables, le changement de siège social et le changement de dénomination sociale dans certains cas.

E. Les certificats de dirigeants et les déclarations solennelles

Il est parfois très difficile pour un acheteur et ses conseillers, voire impossible, de vérifier certains faits importants concernant l'entreprise cible ou pouvant avoir un impact sur la validité de la vente.

Le fait qu'il n'y a aucune autre action émise que celles vendues, qu'aucune personne ne détient le droit d'acquérir des actions, qu'il n'existe aucune convention entre actionnaires, et certains autres faits, est difficilement vérifiable.

Pour cette raison, on requiert souvent lors de la clôture des certificats ou déclarations solennelles des principaux dirigeants du vendeur, en vertu desquels les signataires attestent de faits importants pour l'acheteur mais peu vérifiables.

F. Les consentements et autorisations

Si la vente et le transfert à l'acheteur sont assujettis à l'obtention de consentements et d'autorisations, ceux-ci doivent être déposés à la clôture.

Comme il s'agit de documents qui peuvent influer directement sur la validité de la vente et sur la possibilité pour l'acheteur de profiter de l'entreprise acquise, il s'agit là d'une étape essentielle de la clôture.

G. Les libérations et les quittances

L'obtention de libérations et de quittances est aussi importante pour le vendeur que l'obtention des consentements et autorisations (à la transaction) pour l'acheteur

Il arrive souvent que, préalablement à la vente, le vendeur ait consenti des engagements personnels ou des sûretés au bénéfice de l'entreprise vendue. On retrouvera généralement de telles garanties dans le cadre du financement de l'entreprise et de certains contrats importants (baux, franchises, fournisseurs majeurs, et autres).

Cela ne posait pas de problème tant que le vendeur était propriétaire et dirigeant de l'entreprise, mais peu de vendeurs acceptent de demeurer garants des obligations d'une entreprise après sa vente.

Aussi le vendeur insistera habituellement pour que l'acheteur lui remette, à la séance de clôture, des quittances signées par les créanciers qui bénéficiaient de sa garantie, ces quittance libérant le vendeur des engagements personnels qu'il avait consentis pour le compte de l'entreprise vendue.

Sur un autre plan, lors d'une vente d'actions, des quittances seront aussi habituellement signées à la clôture entre, d'une part, le vendeur et les anciens administrateurs et officiers de l'entreprise vendue et, d'autre part, l'entreprise vendue elle-même. Cette procédure vise à prévenir toute allégation postérieure à la vente complétée voulant que la compagnie doive des sommes à ses anciens actionnaires, dirigeants ou administrateurs (par exemple des salaires ou indemnités de vacances ou de départ) ou, inversement, que ceux-ci doivent des sommes à la compagnie vendue (en remboursement, par exemple, de dépenses personnelles assumées par la compagnie).

H. Les contrats et ententes accessoires

Selon, encore ici, la nature et la structure de la transaction et les conditions requises par l'acheteur en vertu des dispositions de son offre, certains contrats et ententes accessoires à la vente peuvent devoir être signés à la clôture.

Dans cette catégorie, on retrouve souvent des engagements personnels de non-concurrence ainsi que des contrats d'emploi ou de consultation.

En ce qui concerne les engagements de non-concurrence, l'obligation du vendeur à cet égard fera le plus souvent partie de l'acte de vente. Par ailleurs, afin de mieux assurer son placement, il se peut que l'acquéreur ait aussi exigé à son offre que certaines personnes physiques bien identifiées contractent personnellement un tel engagement.

Ces personnes n'étant souvent pas elles-mêmes parties à la convention de vente, la seule mention au contrat qu'elles sont liées par les engagements de non-concurrence qui y sont inscrits n'est pas suffisante. Et cela parce que, n'étant pas signataires du contrat, elles pourraient ultérieurement prétendre n'être jamais personnellement convenues de ces engagements. Aussi, dans ces cas, la signature d'engagements personnels de non-concurrence par toutes les personnes liées par de telles obligations sera une étape de la clôture.

Certains contrats d'emploi et de consultation peuvent aussi être requis à l'occasion pour donner suite à certaines conditions de l'offre d'achat.

À ce chapitre, l'acquéreur peut, dans l'offre, avoir assujetti son obligation d'acheter à l'engagement du vendeur de demeurer à l'emploi de l'entreprise pour une certaine période après la vente afin de permettre une meilleure transition et d'assister l'acheteur, ou à la signature, par certains employés importants de l'entreprise acquise, d'un contrat assurant à l'acheteur qu'ils resteront à l'emploi de l'entreprise une fois la transaction conclue.

D'autre part, il arrive que ce soit le vendeur qui insiste pour obtenir un contrat d'emploi afin de conserver un revenu après la vente, ou pour que l'acheteur en accorde un à certains employés fidèles envers qui il considère avoir une obligation morale.

I. Les actes accessoires au transfert

Au moment de la préparation de l'offre et des étapes pré-clôture, les conseillers de l'acheteur auront souvent identifié une série d'actes nécessaires pour rendre la vente vraiment effective. Ces actes pourront comprendre des demandes de transfert de permis, la conclusion de nouveaux contrats avec des tiers (par exemple avec un franchiseur dans le cas de la vente d'une entreprise franchisée), la signature d'engagements accessoires pour respecter les conditions imposées lors de l'obtention des consentements et autorisations de tiers à la vente (telle une garantie personnelle accordée au bailleur en remplacement d'une garantie auparavant accordée par le vendeur).

J. Les choix fiscaux

Selon la structure choisie pour la transaction, il se peut aussi que le vendeur, l'acheteur, la compagnie dont les actions sont vendues, ou plusieurs d'entre eux, aient à produire des formules auprès des ministères du Revenu pour faire part de certains choix dont ils entendent se prévaloir quant au traitement fiscal de la transaction ou de certains aspects de cette dernière.

Certains de ces choix peuvent être faits sur une base individuelle par la partie concernée mais d'autres, par contre, nécessitent l'accord des parties.

De plus, les lois et règlements fiscaux applicables prévoient généralement des délais maxima dans lesquels ces choix doivent être produits ainsi que des pénalités si les choix appropriés ne sont pas déposés dans ces délais.

K. Le paiement et les sûretés

Pour le vendeur, le paiement du prix de vente constitue sans contredit l'une des parties les plus intéressantes de la séance de clôture.

Puisque, la plupart du temps, l'acte de vente ou un document connexe contient une quittance signée par le vendeur au montant du prix fixé, l'instrument utilisé pour le paiement devra être sûr et irrévocable. Il s'agira le plus souvent d'un chèque visé, d'une traite, d'un mandat bancaire irrévocable ou d'un virement bancaire.

Si le prix de vente n'est pas entièrement payé au moment de la signature de l'acte de vente, la séance de clôture peut alors aussi comporter des étapes et des documents additionnels permettant au vendeur d'obtenir les sûretés et garanties prévues à l'offre d'achat pour garantir le paiement du solde du prix de vente.

L. Les rapports et documents à produire

Selon la nature et la structure de la transaction ainsi que le domaine d'activité de l'entreprise acquise, certains rapports et certains autres documents devront être déposés auprès des gouvernements et autres organismes publics.

Ainsi dans le cas de vente d'actions, des documents

attestant les changements au niveau des actionnaires, des administrateurs, des officiers et du siège social doivent être produits auprès de l'autorité qui régit la compagnie. Le changement de siège social doit aussi faire l'objet d'une déclaration enregistrée au greffe de la Cour supérieure.

Certaines transactions plus importantes peuvent aussi nécessiter le dépôt d'un avis auprès du Bureau de la concurrence.

De plus, nombre d'autres situations spécifiques nécessitent aussi le dépôt d'avis, de déclarations et autres documents.

M. Les avis

Encore ici, certains avis de la transaction doivent souvent être transmis, notamment aux employés, fournisseurs et clients importants de l'entreprise acquise lorsqu'il s'agit d'une vente d'actif.

Par ailleurs, et même lors d'une vente d'actions, certains contrats peuvent requérir la transmission d'avis aux cocontractants. Enfin, certaines autorisations et des consentements obtenus pour la conclusion de la vente peuvent aussi prévoir qu'un avis, informant que la transaction a bel et bien été conclue soit transmis dans un certain délai à la personne qui a émis ce consentement ou cette autorisation.

N. Les opinions juridiques

La validité d'une vente d'entreprise et du droit de propriété de l'acquéreur sur les actions ou l'actif acquis est assujettie, comme vous l'avez sans doute constaté dans ce chapitre, au respect d'un bon nombre de formalités qu'un acquéreur ne peut, à lui seul, toutes connaître et maîtriser.

Or, le respect de plusieurs de ces formalités est sous la responsabilité du vendeur. De plus, malgré toutes leurs recherches et vérifications, l'acheteur et ses conseillers ne sont pas toujours en mesure de savoir précisément l'état du dossier juridique et corporatif du vendeur et de l'entreprise acquise.

L'un des mécanismes utilisés pour protéger l'acquéreur des conséquences de problèmes antérieurs à la vente est celui des représentations et garanties spécifiées à la convention de vente. Il existe cependant un autre outil qui s'ajoute, et ne se substitue pas, à celui des représentations et garanties, soit l'opinion juridique.

Cette opinion, signée par les avocats du vendeur et adressée à l'acheteur et à ses conseillers, confirme un certain nombre d'aspects relatifs aux droits du vendeur et de l'entreprise vendue ainsi que l'absence, dans l'opinion de ces conseillers juridiques signataires, de difficultés relativement aux différents points qu'elle couvre.

Pour l'acheteur, l'opinion juridique constitue une garantie supplémentaire de la validité de son titre sur ses acquisitions et une économie, puisque qu'elle lui sera remise par les conseillers juridiques du vendeur. Grâce à cet outil, ses propres conseillers juridiques n'auront pas à pousser trop avant leurs propres recherches concernant les questions sur lesquelles les conseillers juridiques du vendeur engagent, par l'émission d'une opinion écrite, leur responsabilité professionnelle.

O. Le programme de clôture

Le programme de clôture est, en quelque sorte, l'outil qui permet de systématiser et d'organiser la séance de clôture.

Comme son nom l'indique, il s'agit d'un programme, c'est-à-dire d'une liste de choses à faire établie de façon chronologique. Cette liste comprend les différents éléments que nous avons vus jusqu'ici dans ce chapitre ainsi que d'autres éléments spécifiques à une transaction donnée.

Le premier rôle du programme de clôture sera de voir à ce toutes les personnes dont l'intervention ou la signature sont requises soient bien présentes à la séance de clôture, à ce que celle-ci se déroule de façon logique et organisée, et à ce que toutes les étapes et les documents soient bien faits et signés (sans oubli).

De plus, comme les différents éléments d'une séance de clôture sont interreliés, en ce sens que la transaction ne sera vraiment conclue que lorsque tout aura été exécuté et réalisé, le programme de clôture prévoira généralement dès le début que la transaction de vente ne sera finale que lorsque tous les points à l'ordre du jour auront été épuisés et qu'aucun document n'entrera en vigueur avant ce moment.

Cette mention, souvent considérée comme anodine, est cependant fort importante, puisque certaines clauses de documents présument que des gestes ultérieurs à la signature du document concerné seront accomplis de la façon prévue.

Prenons un exemple à la fois simple et important. L'acte de vente contient souvent une disposition en vertu de laquelle le vendeur déclare avoir reçu le prix de vente et en donner quittance à l'acheteur. Or, dans les faits, à la seconde où le vendeur signe cette quittance, il n'a pas toujours reçu le paiement de la vente. Qu'arriverait-il si, après la signature de l'acte contenant une quittance, l'acheteur refusait de verser le montant de la vente ou se déclarait incapable de le faire ?

Le programme de clôture est rédigé de manière à prévenir toute difficulté de cette nature puisque, avant que l'acte de vente entre en vigueur, il faut que tous les éléments au programme soient menés à bonne fin.

Une fois la clôture terminée, le programme de clôture joue un troisième rôle, soit de replacer chacune des étapes dans sa perspective chronologique.

À cet égard, selon la structure de la transaction, il arrive souvent que des documents signés et des formalités remplies à cette occasion présupposent la signature et l'accomplissement préalable d'autres documents et formalités. Ainsi, l'avis à un fournisseur que la transaction est effective requiert la signature préalable du contrat de vente.

Le programme de clôture, par la nomenclature de toutes les transactions et formalités de clôture établie de façon chronologique, permet aussi à un lecteur subséquent de replacer facilement chacun des documents de clôture dans cet ordre sans avoir à en étudier les implications comme s'il avait à le replacer chronologiquement un peu à la manière d'un casse-tête.

À ce sujet, la clause du programme de clôture selon laquelle chacun des documents et chacune des étapes de clôture n'entreront en vigueur que lorsque tous les documents et étapes auront été menés à bonne fin, contient généralement une autre phrase qui précise qu'une fois toutes les étapes terminées, les transactions décrites au programme sont présumées avoir été conclues de façon successive dans l'ordre qu'elles y apparaissent.

Pour mieux comprendre et saisir de façon pratique la portée d'un programme de clôture, examinez le modèle sommaire en annexe II au présent volume. Ce modèle vise une transaction de vente d'actions que je qualifierais relativement simple. Vous remarquerez entre autres qu'il n'y a aucune mention d'un affidavit de vente en bloc puisqu'il s'agit d'une vente d'actions, qui n'en requiert pas comme une vente d'actif.

Il existe deux autres différences importantes entre le programme de clôture d'une vente d'actions et celui d'une vente d'actif : le programme de clôture d'une vente d'actions contient plus d'éléments de nature corporative (afin d'apporter à la structure de la compagnie dont les actions sont vendues les changements découlant de la vente), alors qu'un programme de clôture d'une vente d'actif contient généralement plus d'éléments reliés à l'obtention de consentements, d'autorisations, de permis et au transfert de contrats et de permis.

Le programme de clôture constitue donc un outil important, à la fois sur le plan pratique et juridique, de toute transaction complexe comme une acquisition d'entreprise.

P. L'entiercement des documents de clôture

La clôture d'une acquisition d'entreprise, surtout lorsqu'elle est accompagnée de transactions de financement, soulève souvent le problème de la poule et de l'œuf.

Par exemple, le vendeur exigera de recevoir le paiement du prix d'achat avant de confirmer définitivement le titre de propriété de l'acheteur et de lui céder l'entreprise, alors que le prêteur voudra, quant à lui, obtenir la preuve que l'acheteur est propriétaire de l'entreprise avant de débourser les fonds nécessaires à l'achat. Cette situation se complique parfois du fait que le prêteur exigera un délai de quelques jours, à compter de la séance de clôture, avant de verser les fonds à l'acquéreur, afin de s'assurer que ses sûretés ont été enregistrées sans problème.

Dans la vaste majorité des cas, on peut en arriver à planifier les diverses transactions de façon à conclure la vente dans une seule séance de clôture.

Ceci est parfois impossible. Il faut alors que l'acte de vente et la plupart des autres documents de clôture soient signés en une première séance, même si certaines étapes de la clôture ne peuvent être achevées que quelques jours plus tard.

Dans ces cas, il faut mettre en place un mécanisme de façon que la vente ne soit pas finalisée et qu'elle puisse être facilement et rapidement annulée si ces dernières formalités, qui sont parfois essentielles, ne sont pas accomplies.

Le mécanisme choisi dépendra des circonstances particulières de chaque transaction mais il consistera souvent en une mise en fiducie, ou entiercement, des documents de clôture.

Cet entiercement prendra alors la forme d'une entente additionnelle en vertu de laquelle tous les documents de clôture signés seront remis à un fiduciaire (généralement la firme d'avocats représentant le vendeur ou l'acheteur), pour être détenus en fiducie jusqu'à ce que les formalités manquantes soient accomplies. Cette entente prévoira aussi des délais dans lesquels ces étapes devront être accomplies ainsi que les conséquences en cas de non-accomplissement, lesquelles peuvent comprendre l'annulation de tout ce qui a déjà été fait et la destruction des documents de clôture par le fiduciaire.

Il s'agit donc d'un document auquel il faut apporter beaucoup de soin, afin qu'il exprime clairement et spécifiquement les obligations des parties et du fiduciaire pendant et après la période y prévue.

Conclusion

Dans ce chapitre, j'ai tenté de vous faire voir l'aspect hautement technique et complexe d'une clôture.

La liste des transactions et documents que j'ai dressée est forcément incomplète, aucune des transactions auxquelles j'ai participé en ayant requis davantage.

En fait, chaque achat d'entreprise présente des particularités, dont l'une ou plusieurs ont des impacts sur la documentation de clôture. Il ne s'agit donc pas d'un type de transaction que l'on peut tout simplement copier d'une fois à l'autre, mais plutôt d'un ensemble de documents qui doivent s'adapter parfaitement aux parties, à leurs besoins, à l'entreprise vendue, à son domaine d'activité, à la structure de la vente, aux résultats de la négociation et à plusieurs autres facteurs qui varient d'une fois à l'autre.

Cette constatation démontre aussi l'importance, pour toutes les parties intéressées dans une telle transaction, de faire appel à des conseillers qualifiés et expérimentés.

Plus particulièrement en ce qui concerne la clôture, le conseiller juridique spécialisé pourra s'assurer que le tout se déroule rondement et que les étapes requises pour que l'acquéreur devienne bel et bien propriétaire exclusif de l'entreprise acquise sont bien accomplies.

Après la clôture : la fin d'un processus ou le début d'une aventure

A. Introduction 194

B. Les formalités ultérieures à la clôture 194

C. La préparation de la transition 198

D. La planification de la prise de contrôle 201

E. Le plan de transition 203

F. Le plan de communications internes 204

G. Le plan de communications externes.................... 206

H. Le lendemain de la clôture :
   la prise de contrôle... 207

A. Introduction

La séance de clôture se termine souvent par une célébration, le vendeur et l'acheteur fêtant le succès de leurs négociations.

Pour l'acheteur, cependant, la clôture ne représente pas la fin du travail. Elle marque plutôt le début d'une nouvelle phase, soit celle de la prise de contrôle, de la transition et de l'intégration de l'entreprise acquise à ses plans de développement.

Même si la phase post-clôture requiert souvent l'exécution de certaines formalités pour donner suite à la transaction, l'attention de l'acheteur devrait alors délaisser quelque peu les aspects techniques et se concentrer sur les aspects humains de la prise de direction, de la transition et de l'intégration, ainsi que sur la réorientation des activités de l'entreprise acquise dans un sens qui lui permettra d'atteindre les buts visés.

Nous verrons donc maintenant quelques-unes des activités post-clôture les plus importantes pour un acquéreur de PME.

B. Les formalités ultérieures à la clôture

Afin que le transfert de la propriété et de la possession légale de l'entreprise vendue soit complet, l'acheteur accomplira, subséquemment à la clôture, un certain nombre de formalités et de gestes découlant des diverses transactions conclues jusque là.

Sans entrer dans le détail de toutes ces formalités qui ne sont souvent que techniques, notons qu'elles tombent le plus souvent dans les catégories générales suivantes :

1. Les permis.

Immédiatement après la clôture, il y aura souvent lieu, pour l'acquéreur, de demander et d'obtenir dans les plus brefs délais les transferts de permis et les nouveaux permis nécessaires à l'entreprise acquise et à son exploitation.

En fait, dans la mesure du possible, il est toujours préférable d'obtenir les transferts de permis et les nouveaux permis avant la clôture ou à la clôture même. Cependant ceci n'est pas toujours possible car il faut parfois déposer une copie de l'acte de vente en faisant la demande de permis et attendre quelque temps avant d'obtenir celui-ci.

2. Les enregistrements de contrats et de cessions.

Certains des documents signés à la clôture devront être enregistrés auprès d'organismes publics pour prendre entièrement effet.

C'est notamment le cas des actes de vente ou de transfert de biens immobiliers, de la plupart des contrats concernant les sûretés et des contrats de transfert et de cession de droits de propriété intellectuelle (brevets, marques de commerce et œuvres bénéficiant de droits d'auteur).

De plus, comme nous l'avons vu au chapitre précédent, plusieurs documents de nature corporative devront aussi faire l'objet de dépôts, de déclarations ou d'enregistrements auprès des autorités compétentes.

3. Les employés.

En ce qui concerne les employés, la situation sera différente selon qu'il s'agit d'un achat d'actif ou d'un achat d'actions.

Dans le cas d'un achat d'actions, il n'y a juridiquement aucun changement d'employeur. Aussi, tous les contrats d'emploi en vigueur devront continuer à être respectés et l'acquéreur n'aura à accomplir à cet égard aucune autre formalité.

Par contre, si l'acquéreur désire mettre à pied certains employés, il devra alors respecter les obligations légales et contractuelles de l'entreprise acquise en tenant compte de la durée du contrat d'emploi depuis leur l'engagement, puisque la vente n'a eu aucun effet sur ce contrat.

Cependant son offre peut comporter une clause obligeant le vendeur à assumer les risques et les coûts inhérents à ces mises à pied ou à ces congédiements.

S'il s'agit d'un achat d'actions, la situation est fort différente. Techniquement, au sens de notre droit civil qui régit les contrats, les contrats d'emploi avec le vendeur cessent à la date de la vente et de nouveaux contrats interviennent le même jour entre l'acquéreur et les employés qu'il désire conserver.

En théorie, le vendeur doit donc respecter toutes les obligations d'un employeur qui met fin à un contrat d'emploi. D'autre part, l'acquéreur est techniquement libre de garder à son service seulement les employés qu'il désire, puisqu'il est un nouvel employeur.

Ces quelques principes théoriques étant avancés, il est important de savoir qu'ils souffrent de nombreuses exceptions dont les principales sont :

a) Le contrat.

Le fait, pour l'acquéreur, de ne pas retenir les services d'un employé accroît sensiblement le coût de la mise à pied par le vendeur. À cet égard, lorsque l'employé demeure au service de l'acheteur, le vendeur se doit simplement de respecter ses engagements statutaires. Il n'a pas alors à lui donner un préavis raisonnable de sa mise à pied ni à l'indemniser pour un montant équivalent à une telle période, l'employé ne subissant alors aucun dommage puisqu'il conserve son emploi.

Par contre, le vendeur devra verser de telles indemnités à tous les employés que l'acheteur décide de ne pas engager. Ces indemnisations peuvent être onéreuses, surtout dans le cas d'employés-cadres possédant de nombreuses années de service et dans le cas d'employés bénéficiant de contrats à durée fixe.

Aussi la question du maintien de l'emploi du personnel sera généralement abordée lors de la négociation sur l'offre d'achat, et les termes de l'offre finale acceptée et du contrat de vente pourront obliger l'acquéreur à conserver à son emploi les employés de l'entreprise vendue.

b) Le Code du travail.

Une deuxième restriction concerne le cas où les employés de l'entreprise sont syndiqués et bénéficient d'une convention collective.

Le Code du travail prévoit spécifiquement que l'acquéreur de l'actif de l'entreprise est automatiquement lié par l'accréditation et la convention collective de ses employés. Il devra donc, à compter de la clôture, respecter les termes de cette convention autant en ce qui concerne la rémunération et les conditions de travail que les règles relatives au congédiement et à la mise à pied d'employés.

c) La Loi sur les normes du travail.

Bien qu'elle ne porte pas atteinte directement au droit, pour un acquéreur d'actif, de ne pas retenir à son emploi les employés, la Loi sur les normes du travail contient quand même des dispositions portant que, si l'acquéreur engage des employés du vendeur, il assume la responsabilité des obligations du vendeur à leur égard.

Par exemple, si le vendeur ne verse pas à ses employés les indemnités de vacances auxquelles ils ont droit au moment de la vente, la Loi sur les normes du travail rend l'acquéreur responsable de leur versement.

Cette contrainte devrait inciter fortement l'acquéreur à s'assurer du respect de toutes les obligations du vendeur vis-à-vis de ses employés jusqu'à la date de la vente.

Pour prévenir les conséquences de ces restrictions légales, certains mécanismes peuvent être mis en place, au moment de la vente, entre le vendeur et l'acquéreur.

Aussi dans le cas d'une vente d'actif, l'acquéreur, à titre de nouvel employeur, doit mettre en place ses systèmes de dossiers d'employés, de versement de la rémunération, d'enregistrement et de remises comme employeur auprès des différents organismes compétents (ministère du Revenu

fédéral et provincial, Commission de l'emploi et de l'immi-
gration, Régie des rentes, Commission des normes du
travail, Commission de la santé et sécurité au travail, Régie
d'assurance-maladie du Québec, Comité paritaire, et autres
organismes).

4. Les avis, les fournisseurs, les clients

Il faut aussi que l'acheteur s'assure que tous les avis requis
et tous les transferts de contrats ou de coordonnées de
l'entreprise parviennent rapidement aux personnes avec qui
l'entreprise fait affaire, de façon à éviter toute confusion.

Les formalités seront encore une fois beaucoup plus
nombreuses et importantes lors d'un transfert d'actif,
puisqu'il y a changement de l'identité juridique. Par con-
séquent, la facturation des fournisseurs, les commandes et
les paiements des clients, et toutes les autres transactions
devront dorénavant être faites au nom de l'acheteur, et non
plus du vendeur.

C. La préparation de la transition

Comme nous l'avons vu ci-dessus pour les formalités post-
clôture et au chapitre précédent pour plusieurs étapes
devant être réalisées lors de la clôture, l'acheteur doit
commencer à se préparer très tôt à tout ce qui l'attend
après la séance de clôture de manière à être en mesure de
prendre la direction de l'entreprise acquise la seconde
suivant la fin de la séance.

À quel moment l'acquéreur devrait-il commencer à
planifier la transition ?

Selon moi, la planification de la transition devrait
débuter dans la phase initiale du processus de recherche
d'une entreprise à acquérir et se poursuivre par la suite
parallèlement au processus d'acquisition.

Dans la mesure où la démarche d'achat suit quelque
peu le plan général élaboré dans ce livre, au moment où il
entreprend la recherche d'une entreprise cible l'acquéreur

a déjà identifié avec précision les avantages qu'il recherche par cette acquisition ainsi que ses objectifs. Ainsi il a déjà au moins une bonne idée du rôle, de la mission et des buts que devra poursuivre celle-ci une fois l'acquisition faite.

Ceci étant établi, au cours de sa recherche d'une entreprise cible adéquate, l'acquéreur tentera d'identifier une entreprise dont le rôle, la mission, les buts et la gestion actuels sont compatibles avec ses objectifs ou peuvent facilement être modifiés pour s'y adapter.

Cette connaissance acquise par l'acquéreur au moment du processus d'évaluation se précisera par la suite tout au long du processus de négociation avec le vendeur et de vérification de l'entreprise cible.

Aussi, l'une des préoccupations premières de l'acheteur devrait être de connaître le mieux possible l'entreprise cible afin d'avoir en main les renseignements et les outils requis pour établir rapidement son plan de transition le moment venu.

Dans ce cadre, outre leur importance par rapport aux aspects juridiques et financiers de la transaction, les renseignements recueillis au cours des négociations et des vérifications devront constamment être analysés par l'acheteur dans la perspective de préparer sa prise de direction.

Plus particulièrement, l'acheteur devrait dès lors chercher à préciser :

1. Les ressources humaines dont il aura besoin au moment de la transition.

La transition nécessitera des ressources humaines.

Avant même de conclure une entente de principe avec le vendeur, l'acheteur devra avoir identifié les personnes clés dont il aura besoin pour réussir le passage à la direction. De cette façon, il pourra prévoir à l'entente de principe d'abord, puis à l'offre, des conditions lui assurant le soutien de ces personnes.

Par exemple, s'apercevant que le vendeur possède des connaissances étendues sur l'entreprise, il pourra considérer primordial de le garder dans l'entreprise pendant quelque temps pour assister l'acheteur et lui transmettre son savoir.

À un autre niveau, l'acquéreur peut aussi identifier dans l'entreprise certaines personnes (gestionnaires, représentants ou techniciens) dont l'apport actuel ou prévisible est si important que leur départ pourrait nuire aux performances de l'entreprise.

Dans ces circonstances, il peut rendre son obligation d'achat conditionnelle à la conclusion de contrats d'emploi avec ces personnes, de façon à s'assurer de leur soutien au moment de la transition par la suite.

Dans d'autres circonstances, l'acheteur peut se rendre compte que la transition nécessitera le support de ressources humaines extérieures à l'entreprise acquise. Il ne doit pas attendre à la fin de la séance de clôture pour entreprendre leur recherche s'il ne veut pas perdre un temps précieux et se voir forcé sous la pression des besoins immédiats d'accepter le premier candidat remplissant les qualifications de base, au risque de faire un mauvais choix.

2. Les autres ressources requises pour rencontrer les objectifs de l'acquéreur.

Outre les ressources humaines, l'acquéreur devra aussi s'assurer de la disponibilité des autres ressources nécessaires à la réussite de la transition et à l'atteinte de ses objectifs.

Dans cette catégorie, il se préoccupera surtout des ressources financières et des ressources matérielles.

Sur le plan financier, dans la mesure où il estime que les besoins financiers de l'entreprise augmenteront dans la période suivant immédiatement son acquisition (ce qui est souvent le cas), l'acheteur devra s'assurer de l'obtention du financement nécessaire pour cette période au moment où il discute de l'obtention du financement pour son achat.

Quant aux ressources matérielles (espaces, équipements, outils, etc.), le phénomène est le même que pour les ressources humaines.

Si l'acheteur attend la fin de la clôture pour tenter d'obtenir les ressources requises, il perd à tout le moins le bénéfice de plusieurs précieuses semaines. Par ailleurs, il lui est possible, sans trop de difficulté, de s'assurer de l'obtention rapide de ces ressources sans pour autant s'engager irrévocablement à les acquérir si la vente n'est pas finalisée.

Quitte à y apporter certains ajustements par la suite, cette phase préparatoire à la prise de contrôle devrait idéalement être très avancée au moment de la signature de l'entente de principe de façon que l'acquéreur puisse dès lors entreprendre la seconde phase, soit la planification de la prise de contrôle et la transition.

D. La planification de la prise de contrôle

À compter du moment de la signature de l'entente de principe et, encore plus, de l'acceptation de l'offre d'achat, l'acquéreur doit entreprendre la planification de la prise de contrôle et de la transition.

Les éléments de cette planification sont les mêmes que dans le cadre de toute autre planification d'entreprise (environnement de l'entreprise, forces et faiblesses, marché et besoins de la clientèle, concurrents directs et indirects, menaces et possibilités, élaboration d'une mission et d'objectifs, mise en place d'un plan stratégique et préparation de budgets d'immobilisations, d'exploitation et de caisse, etc.).

Certaines particularités du processus d'acquisition influeront cependant sur cette planification, soit :

1. L'acheteur n'a peut-être pas encore toute l'information concernant l'entreprise acquise.

Dans le contexte habituel d'une planification d'entreprise, ceux qui y travaillent ont un accès illimité à tous les

201

renseignements internes, même les plus délicats. Or, même après l'acceptation de son offre d'achat, l'acquéreur d'une entreprise n'obtient que les réponses à ses questions et à ses vérifications et il ne peut être sûr de posséder toute l'information requise à une bonne planification de l'entreprise, même si le texte de l'offre prévoit un droit d'accès quasi illimité.

Malgré cela, l'acquéreur devra se livrer à un premier exercice de planification, tout en étant pleinement conscient de cette limitation et de la nécessité que le plan soit suffisamment flexible pour s'accommoder des renseignements qui viendront modifier quelque peu ses prémisses.

2. L'acheteur ne peut faire participer pleinement les gestionnaires et les employés de l'entreprise cible au processus de planification.

L'un des préalables importants et reconnus de toute planification d'entreprise est l'engagement direct et immédiat de la haute direction et des employés dans ce processus.

Or, dans le contexte d'un projet d'acquisition non finalisé, l'acheteur ne peut évidemment pas intéresser les employés à son travail de planification puisqu'il n'est pas encore propriétaire de l'entreprise et que, surtout pour éviter l'instauration d'un climat d'insécurité au sein de l'entreprise, les démarches visant à l'acquisition ne sont généralement pas connues de la plupart des employés.

Cette difficulté ne devrait cependant pas empêcher l'acheteur de préparer un premier plan. Par contre, dès l'acquisition faite, il devra s'appliquer davantage à faire connaître les buts et objectifs choisis à tout le personnel de l'entreprise et à leur vendre son plan. Comme nous l'avons vu en ce qui concerne l'effet possible de nouveaux renseignements sur le plan initialement élaboré, il devra aussi demeurer ouvert aux suggestions de modification du plan de la part des employés et se réserver une certaine flexibilité à cet égard.

Par ailleurs, à compter du moment où l'offre est

acceptée, l'acheteur devrait être autorisé par le vendeur à engager la participation, dans le processus de planification, des principaux gestionnaires de l'entreprise qui demeureront à son emploi après l'acquisition.

Ainsi l'acquéreur peut dès lors bénéficier de leur apport, leur communiquer ses buts et objectifs et s'assurer qu'ils comprennent et connaissent bien son plan, avant même que la clôture soit terminée, ainsi que la structure de gestion qu'il entend mettre en place. Ceci facilitera grandement la transition et sa prise de contrôle sur l'entreprise.

En plus des éléments similaires à toute planification stratégique, la planification d'un acquéreur doit aussi comporter certains aspects propres à une acquisition, soit un plan de transition à proprement parler, un plan de communications internes et un plan de communications externes. Voyons maintenant sommairement en quoi consistent ces trois plans.

E. Le plan de transition

Ce plan est une partie du plan stratégique élaboré par l'acquéreur.

Il contient la description des modifications que l'acquéreur entend apporter dans les quelques semaines et mois qui suivront son acquisition afin de mettre l'entreprise en position de lui procurer les avantages recherchés.

Ces changements porteront le plus souvent sur le processus décisionnel au sein de l'entreprise, sur l'organigramme de gestion et sur les responsabilités et rôles délégués aux différents gestionnaires.

Il comportera aussi le détail et la planification de plusieurs autres changements, par exemple la mise à pied (ou le non-embauchage) ou le remplacement de certains membres du personnel, la vente de certains éléments d'actif ou l'acquisition de nouveaux équipements et, de façon générale, les autres changements initiaux prévus par l'acheteur.

Plusieurs de ces changements pourront se refléter dans la structure finale de la transaction d'achat ainsi que dans les termes et conditions de l'offre d'achat et des documents qui seront signés à la clôture.

F. Le plan de communications internes

Il s'agit d'un aspect souvent oublié ou sous-estimé lors d'une acquisition.

Vu la quantité de travail requise pour accomplir les étapes menant à la clôture, l'importance des tâches relatives à l'établissement d'un plan stratégique et d'un plan de transition et le fait que le transfert de propriété ne devient certain qu'à la signature du contrat de vente final, on omet trop souvent de se préoccuper des communications internes, c'est-à-dire des communications avec toutes les personnes qui, au sein de l'entreprise acquise et parfois aussi de celle de l'acquéreur, peuvent être touchées par cette acquisition.

Le plan de communications internes le plus souvent utilisé consiste simplement en une entente entre les parties selon laquelle toute communication concernant les discussions en cours doit être approuvée par les deux parties, la teneur de ces discussions et des ententes préalables (ententes de principe et offre d'achat) devant en principe demeurer confidentielle jusqu'à ce que la clôture soit terminée.

Par cette procédure, les parties entendent protéger surtout leurs positions et leur crédibilité, notamment au cas où, pour une raison quelconque, la clôture ne se réaliserait pas. Évidemment, et il s'agit d'une préoccupation fort légitime, les parties sont aussi soucieuses de ne pas divulguer les modalités précises de l'acquisition.

Cependant, laissez-moi vous dire que cette procédure ne fonctionne qu'en théorie et qu'elle est en pratique très dangereuse.

De façon réaliste, seules les modalités précises de la vente pourront demeurer confidentielles si les parties prennent toutes deux bien soin de préserver cette confidentialité.

Par contre, les négociations entre le vendeur et l'acquéreur concernant la vente éventuelle de l'entreprise ne demeureront pas secrètes très longtemps à partir du moment où les parties dépasseront le stade des rencontres préliminaires.

Quelles que soient les ententes verbales ou écrites conclues concernant la confidentialité, il est inévitable que les employés apprendront rapidement que des discussions ont lieu.

D'ailleurs, comment l'acheteur pourra-t-il obtenir les renseignements requis pour évaluer l'entreprise et préparer son offre d'achat et comment, une fois l'offre acceptée, pourra-t-il procéder à ses vérifications sur l'entreprise cible sans qu'une partie des employés ne s'aperçoivent, dans un premier temps, que des renseignements importants et inhabituels sont soudainement demandés par les dirigeants, et ensuite, ne remarquent la présence de représentants de l'acheteur ?

Les sources de coulage sont tellement nombreuses (employés de l'acquéreur, employés du vendeur, conseillers et leurs employés, financiers, membres de la famille des personnes informées, fournisseurs et clients actuels ou potentiels contactés par l'acquéreur, simples rumeurs, insinuations, rencontres fortuites, etc.) que souvent les employés sont convaincus qu'une offre d'achat a été faite et acceptée avant même qu'une entente de principe ait été conclue.

Il est nécessaire, dans leur intérêt respectif, que les parties à des discussions de vente d'entreprise affrontent cette réalité et qu'elles ne se contentent pas de la camoufler par des ententes de confidentialité qui ne règlent en rien les problèmes inhérents à la communication indirecte de la vente éventuelle de l'entreprise.

Le sujet des communications internes devrait être abordé entre le vendeur et l'acheteur dès que les discussions prennent une allure qui dépasse le simple stade exploratoire, de façon qu'un plan concernant ces communications soit convenu entre eux et exécuté de façon adéquate et efficace au fur et à mesure du progrès de leurs discussions.

Il est intéressant de noter à ce propos que la Commission des valeurs mobilières et la Bourse de Montréal exigent des compagnies publiques la divulgation immédiate, par voie de communiqué, de toute entente importante concernant l'entreprise, afin que les actionnaires et les investisseurs potentiels soient adéquatement protégés et en mesure de prendre leurs décisions d'investissement en toute connaissance de cause.

Les employés ne devraient-ils pas bénéficier, pour le moins, d'une communication équivalente ?

G. Le plan de communications externes

Contrairement au plan de communications internes, l'importance du plan de communications externes (dirigées vers les clients actuels et potentiels, les autres personnes qui font affaire avec l'entreprise acquise ou celle de l'acquéreur ou y sont susceptibles et le public en général) ne se fera sentir que plus tard au cours du processus d'acquisition.

En pratique, il est rare que la réalisation d'un tel plan commence avant la clôture, puisque son aspect public et externe présuppose de lui-même que la vente est certaine.

Par contre, dans le souci de ne pas perdre inutilement du temps une fois l'acquisition faite, de ne pas retarder jusqu'alors la planification de ce qui doit être exécuté, et aussi pour profiter de l'aspect « nouvelle » de la transaction, l'acquéreur devrait établir son plan de communications externes avant la date de clôture de façon à pouvoir le mettre en branle la journée même ou le lendemain.

Ce plan externe pourra comporter plusieurs facettes, allant de rencontres avec les principaux fournisseurs et clients jusqu'à une campagne de relations publiques auprès des médias ou de publicité pour marquer le nouveau départ de l'entreprise acquise.

Contrairement à la partie pré-clôture du plan de communications internes qui doit faire l'objet d'une entente entre les parties, le plan de communications externes peut être conçu et élaboré par l'acheteur avec l'aide, au besoin, de conseillers spécialisés en la matière.

H. Le lendemain de la clôture : la prise de contrôle

Le moment de vérité est maintenant arrivé. La clôture est faite, les plans sont en place et l'acheteur doit s'installer comme nouveau propriétaire de l'entreprise acquise.

Si les plans ont bien été élaborés, si les principaux gestionnaires de l'entreprise ont participé à leur mise en place et si un programme adéquat de communications internes a bien été mené au sein de l'entreprise, l'arrivée de l'acheteur ne devrait pas être perçue comme une menace. Il ne s'agira alors que de réaliser ce qui a été au préalable préparé et communiqué, chacun connaissant son rôle dans cette étape de transition.

Ceci ne veut pas dire que l'acheteur ne doit pas se préoccuper d'améliorer le climat de confiance parmi le personnel de l'entreprise cible et qu'il n'y aura pas encore quelques incendies à éteindre.

Il faut donc que l'acheteur soit prêt à investir beaucoup de temps au cours de la phase de transition afin de bien établir un nouveau climat de confiance important à la poursuite des affaires et de minimiser la durée de la période d'adaptation initiale.

Une tactique qui donne des résultats souvent intéressants est d'associer, par différents moyens, les employés de l'entreprise acquise aux célébrations qui suivent la clôture et de leur démontrer l'importance que l'acquéreur accorde à leur soutien continu.

Aussi le nouveau dirigeant devrait prévoir de nombreuses rencontres formelles et informelles avec les employés et les gestionnaires de l'entreprise acquise dans le but d'améliorer les relations et les échanges et pour bien leur communiquer la vision, les buts, les valeurs, la culture et le fonctionnement de l'acquéreur.

Ce faisant, il devra cependant agir avec délicatesse pour éviter les chocs inutiles et dommageables, surtout au niveau des valeurs et de la culture. Les changements sur ces aspects fort importants devront se faire graduellement et ne pas heurter trop durement l'entreprise acquise.

La phase de transition représente donc, même pour l'acheteur qui s'y est bien préparé, un test important de ses capacités de gestionnaire, en particulier au niveau de la gestion des ressources humaines.

Si la phase de transition constitue une étape importante et délicate pour l'acheteur bien préparé, vous pouvez imaginer ce qu'il en est pour l'acquéreur qui entre dans sa nouvelle entreprise sans aucune préparation et se retrouve face à des employés au regard interrogatif qui n'ont aucune idée de ce qui les attend.

Selon moi, cette image illustre de façon relativement fidèle la raison de l'échec de beaucoup d'acquisitions. Il m'apparaît presque impossible d'entreprendre la planification d'une transition à la direction d'une entreprise quand les questions fusent, les feux majeurs se multiplient, personne ne sait plus ce que la direction attend d'eux et la confiance est mise en veilleuse en attendant que l'acquéreur fasse ses preuves.

Tous ceux qui ont eu à vivre, ou plus précisément à subir, une telle expérience n'hésitent pas à la qualifier de traumatisante, et les séquelles peuvent se faire sentir pendant longtemps.

Le message de ce chapitre est clair et peut se résumer en une seule phrase : ne prenez pas en main les rênes d'une entreprise si vous n'êtes pas prêts à la diriger et si vous ne connaissez pas le chemin à suivre.

Conclusion

Dans mon esprit, l'un des risques majeurs de la récession est de confondre les difficultés occasionnées par les temps difficiles que nous vivons et celles qui résultent de la nouvelle concurrence internationale qui envahit nos marchés.

Pour plusieurs d'entre nous, la mondialisation et la globalisation des échanges économiques sont encore des grands mots sortis tout droit de la bouche de nos politiciens et de nos universitaires, mais de peu d'effet pratique sur la conduite quotidienne de nos affaires.

Nous n'avons pas encore pu mesurer l'impact réel du libre-échange avec les États-Unis que nous voilà déjà à la veille de plonger tête première dans un élargissement de cet accord pour y inclure le Mexique.

Il ne faut pas se leurrer. Non seulement la mondialisation des marchés et de la concurrence autant pour les services que pour les produits est maintenant réalité, selon toute vraisemblance elle est appelée à croître, du moins au cours de la prochaine décennie.

Pour peu que nous jetions un regard sur le futur, nous pouvons déjà voir les signes évidents de l'essor de la concurrence à l'échelle mondiale.

Les exemples se multiplient d'année en année : l'avènement du Marché économique européen qui, dès le 31 décembre 1992, abolira les barrières aux échanges de produits et services dans presque toute l'Europe occidentale, la réunification de l'Allemagne qui crée un nouveau géant économique, les premières étapes de la négociation d'un nouvel accord de libre échange nord-américain comprenant le Mexique, l'ouverture des pays du bloc de l'Est à l'économie de marché, les tentatives répétées de la Chine populaire de s'ouvrir au commerce international.

Ceci, sans compter les possibilités que présente, surtout au niveau des coûts de production, l'industrialisation de plusieurs pays d'Asie et d'Amérique latine et, éventuellement, du continent africain.

En fait, les grandes entreprises mondiales qui attaqueront de plus en plus nos marchés réussissent maintenant à adapter leurs activités de manière à tirer parti le plus possible de ce nouveau contexte international.

Ainsi, ces entreprises implanteront leurs usines de fabrication de produits qui requièrent une grande quantité de main-d'œuvre peu scolarisée ou spécialisée dans les pays où se retrouve en abondance une main-d'œuvre à bon marché, leurs unités dévoreuses d'énergie dans les endroits où l'énergie peut être obtenue au meilleur prix et leurs activités de pointe dans les pays offrant la main-d'œuvre et l'environnement spécialisés dont elles ont besoin.

De cette façon, elles répondent à chacun de leurs besoins spécifiques en profitant des meilleures occasions qui s'offrent à elles à l'échelle mondiale, se plaçant ainsi dans une position telle qu'une entreprise locale ne pourra plus, d'ici quelques années, leur faire efficacement concurrence.

Prenons quelques exemples concrets.

Les grands manufacturiers automobiles américains et européens fabriquent aujourd'hui une bonne partie de leur production à l'extérieur de leur pays d'origine. Ainsi Ford et Volkswagen possèdent des usines fort importantes dans plusieurs pays, dont le Brésil. La situation est encore plus évidente lorsqu'on constate que, même pour les produits

210

fabriqués dans des pays hautement industrialisés, plusieurs pièces proviennent de pays où la main-d'œuvre est moins coûteuse.

Pourquoi pensez-vous qu'une partie très importante des investissements majeurs au Québec provient d'industries qui œuvrent dans le domaine des ressources naturelles (par exemple, Daishowa) ou dans des secteurs où l'énergie électrique est une matière première essentielle et une constituante majeure du coût de fabrication (comme les alumineries) ?

Ne serait-ce pas tout simplement parce que ces entreprises, qui œuvrent pour la plupart à l'échelle planétaire, en sont venues à la conclusion que leur production au Québec serait moins coûteuse ou moins risquée, compte tenu de l'abondance des ressources premières et de l'énergie renouvelable, que la même production faite ailleurs ?

Même pour ce qui est de la fabrication d'un outil aussi perfectionné que l'ordinateur, il est souvent aisé de se rendre compte, en analysant le mode de fonctionnement de plusieurs entreprises américaines et japonaises, que, pour un même produit, la conception est faite à un endroit où les ressources spécialisées et les centres de recherche sont nombreux et accessibles (nous pouvons ici penser à Silicon Valley en Californie), la fabrication des pièces de haute précision est faite là où la main-d'œuvre technique scolarisée est disponible, et le montage ainsi que la fabrication des pièces moins sophistiquées (boîtiers, claviers, écrans, pièces mécaniques), là où la main-d'œuvre est disponible à meilleur marché.

D'autre part, nos entreprises ne peuvent plus compter sur les barrières douanières et tarifaires pour se protéger de ce phénomène.

La pression économique et politique mondiale en est arrivée à un point tel que les barrières qui existent encore sont appelées, à quelques exceptions près, à fondre comme neige au soleil d'ici la fin des années 90.

211

Que faire ? Sans doute pas se mettre la tête dans le sable comme le font malheureusement certains de nos entrepreneurs, qui croient éviter ce phénomène en l'ignorant simplement et en espérant que les choses s'arrangeront d'elles-mêmes.

En pratique, nos entrepreneurs devront très prochainement choisir entre quelques avenues dont les principales sont sans doute :

1. La spécialisation dans un très petit créneau ou dans un marché régional très limité où l'entreprise consacrera tous ses efforts.

Il est probable que l'économie des années à venir laissera encore place à de petites et moyennes entreprises locales ou spécialisées (surtout dans les domaines artisanaux ou haut de gamme) répondant à des besoins spécifiques et de peu d'intérêt pour les grandes entreprises multinationales, étant donné la petite taille du marché visé.

2. La conclusion d'accords stratégiques avec des grandes entreprises, tel un accord de distribution ou de sous-traitance.

À cet égard, il faut cependant bien choisir son allié, les grandes entreprises exigeant de plus en plus un degré d'intégration très poussé entre leurs alliés et elles.

Nous n'avons qu'à penser aux programmes de type « juste à temps » ou « qualité totale » pour réaliser que plusieurs entreprises considèrent aujourd'hui leurs fournisseurs, clients et autres participants dans la chaîne de production, de distribution et de mise en marché comme autant de maillons d'un même processus qu'il leur faut bien contrôler et harmoniser.

3. L'entrée de plein pied dans la lutte.

Cependant, ceci exigera que la plupart de nos entreprises augmentent de beaucoup leur taille et leur capacité afin de pouvoir acquérir les ressources (humaines, matérielles et financières) importantes que requerront les investissements nécessaires à leur maintien dans cette nouvelle dimension économique mondiale.

C'est d'ailleurs la voie choisie par plusieurs des entreprises québécoises qui ont connu des succès marquants au cours des dernières années, telles Bombardier, Quebecor, Groupe Jean Coutu et nos grandes entreprises d'ingénierie (Lavalin et SNC) et d'informatique (DMR et CGI).

4. La vente de l'entreprise.

En fait, ceux qui ne se sentent pas la capacité ou le goût d'adopter l'une ou l'autre ou plusieurs des trois stratégies précédentes, ou une autre leur permettant de se développer dans ce nouveau contexte, devraient envisager sérieusement de vendre leur entreprise avant de se ressentir trop fortement de l'impact de cette concurrence accrue à laquelle ils ne pourront un jour plus faire face.

Parmi ces quatre stratégies, il s'en trouve deux qui nous ramènent rapidement à notre sujet, c'est-à-dire l'acquisition d'entreprises.

La quatrième stratégie appelle d'elle-même un processus de vente des entreprises qui décideront de suivre cette voie.

La troisième stratégie passera aussi souvent par une phase d'acquisition d'entreprises, lesquelles participeront ainsi à la croissance et au renforcement des entreprises qui auront choisi cette méthode.

À cet égard, il est maintenant urgent que ce développement se fasse rapidement. Nombre d'économistes n'accordent en fait qu'un sursis de trois à cinq ans avant que la concurrence internationale atteigne gravement la plupart des secteurs économiques du Québec.

Cette urgence fait de l'acquisition d'entreprises l'un des outils privilégiés que doit considérer sérieusement toute entreprise qui choisit la voie du développement.

À ce chapitre, la situation actuelle ne présente d'ailleurs pas que des risques et des menaces. Il existe aussi une foule de possibilités pour ceux qui savent les voir et les choisir.

Dans le contexte économique actuel et prévisible, les occasions d'acquisition intéressantes sont, et seront encore pendant quelques années, nombreuses. De plus, en raison de ce même contexte, les attentes des vendeurs sont présentement à la baisse.

Ainsi de 1985 à 1988 les prix de vente d'entreprises atteignaient et dépassaient souvent de 7 à 8 fois le montant des profits nets après impôts ou le flux monétaire généré ; on assiste aujourd'hui à des transactions qui se concrétisent à des multiplicateurs de 3,5 à 5,5 fois.

Il se trouve donc de bonnes occasions d'acquisition d'entreprises susceptibles de renforcer rapidement ceux qui les acquièrent et de leur donner le coup de pouce rapide dont ils ont besoin dans leur quête de nouveaux horizons.

Par contre, et c'est là le message de ce volume, l'acquisition d'une entreprise n'est pas une mince tâche. Elle nécessite de l'acheteur un haut degré de planification et de préparation.

En pratique, les préalables fondamentaux de la réussite en cette matière m'apparaissent comme étant surtout :

i) Une planification initiale de l'acquéreur, laquelle lui permettra de déterminer, en considérant les différentes options disponibles, si une acquisition représente le meilleur moyen de répondre à ses besoins ou pour atteindre ses objectifs ;

ii) La définition des avantages recherchés par l'acquisition projetée et des critères que devra posséder une entreprise pour permettre à l'acquéreur de les obtenir et d'en profiter ;

iii) Un processus de recherche qui permettra à l'acheteur de bien identifier les entreprises qui répondrent vraiment à ses critères, afin qu'il ne fasse pas simplement l'acquisition des canards boiteux dont les autres entrepreneurs ne veulent plus ;

iv) Une évaluation complète des entreprises cibles sous toutes leurs coutures, à partir de la culture jusqu'à la situation de l'encaisse ;

v) Une négociation bien préparée et menée de sorte que l'acquéreur ne paiera pas un prix trop élevé (ce qui a été maintes fois identifié comme l'une des causes majeures des insuccès d'acquisitions) et qu'il obtiendra les garanties requises pour que son investissement ne s'envole pas en fumée ;

vi) Le recours à des conseillers qualifiés et expérimentés qui sauront guider l'acquéreur dans tous les dédales techniques du processus d'acquisition tout en lui permettant d'éviter les pièges qui guettent tout acheteur non avisé ;

vii) Une planification, dont la préparation commencera dès le début des négociations, de tous les aspects reliés à la prise de contrôle et à la période de transition, afin d'utiliser à bon escient cette denrée essentielle et non renouvelable que constitue le temps ;

viii) La reconnaissance du fait qu'une acquisition et la période de prise de contrôle et de transition qui s'ensuit requièrent énormément de temps et d'énergie et, par voie de conséquence, la planification des activités des personnes engagées dans ce processus de façon qu'elles puissent y consacrer tout le temps requis sans compromettre pour autant la qualité de la gestion de l'entreprise de l'acquéreur.

Dans la mesure où ces conditions préalables sont bien rencontrées, je suis convaincu qu'il y aura une amélioration importante du taux de succès des acquisitions d'entreprises au cours des prochaines années.

En terminant, il ne me reste qu'à vous souhaiter de réussir si vous décidez de franchir le fossé immense qui sépare toujours la lecture d'un livre de la réalisation d'une transaction concrète.

Grille d'examen préalable à la clôture d'un achat d'actions

Note importante : toute irrégularité relevée en cours de processus d'examen doit faire l'objet d'une décision de l'acheteur et, le cas échéant, d'un avis de remédier au vendeur.

1. État corporatif et actions :

1.1 Examen du livre de la compagnie — minutes, règlements, statuts, registres, livres, certificats d'actions ;

1.2 Examen de l'état corporatif, y compris l'obtention de certificats de régularité et de conformité ;

1.3 Préparation d'une liste des administrateurs et officiers ;

1.4 Préparation d'une liste des actions telles qu'émises et réparties suivant les livres de la compagnie ;

1.5 Détermination du statut de la compagnie selon la Loi sur les valeurs mobilières, à savoir, s'il s'agit d'une compagnie fermée au sens de cette loi ;

1.6 Vérification des déclarations de raison sociale produites ;

1.7 Obtention des règlements et résolutions bancaires en vigueur pour les fins de préparer les changements.

2. Immeubles :

2.1 Obtention d'une opinion sur les titres de date récente ;

2.2 Obtention d'un certificat de localisation de date récente ;

2.3 Détermination des travaux effectués récemment et des preuves de paiement afin d'éliminer la possibilité d'enregistrement de privilège ;

2.4 Vérification des lois et règlements − zonage, construction, environnement, etc. ;

2.5 Vérification des projets de règlement, plans d'urbanisme, etc. ;

2.6 Inspection des bâtiments ;

2.7 Inspection du sol − environnement, stationnement, construction, barrière, etc. ;

2.8 Obtention des comptes de taxes, et vérification de l'évaluation foncière et des changements proposés ;

2.9 Obtention d'une description cadastrale des immeubles ;

2.10 Obtention d'une évaluation récente des immeubles ;

2.11 Détermination des servitudes existantes, y compris les servitudes d'utilité publique ainsi que leurs emplacements ;

2.12 Détermination et vérification du zonage actuel et projeté ainsi que des projets d'urbanisme et d'aménagement aux environs de l'entreprise ;

2.13 Vérification du respect de la Loi sur la qualité de l'environnement — sites d'enfouissement, déchets dangereux, déversements, permis, respect de l'article 20, émanations, etc.

3. Biens meubles — véhicules, outillage, mobilier, équipements, etc. :

3.1 Vérification des titres de propriété de la compagnie ;

3.2 Vérification des contrats ;

3.2.1 Contrats d'achat — vente conditionnelle, crédit-bail, achat direct, sûreté, etc. ;

3.2.2 Contrats de service ;

3.2.3 Contrats de garantie ;

3.2.4 Contrats de licence, c'est-à-dire pour les logiciels ;

3.3 Inspection des biens meubles ;

3.3.1 État des biens ;

3.3.2 Respect des règlements applicables A.C.N.O.R., etc.

4. Vérification du portefeuille d'assurances :

4.1 Les compagnies d'assurances sont-elles solvables ?

4.2 L'ensemble des biens et des activités est-il dûment couvert ?

4.3 Les montants des assurances sont-ils adéquats ?

4.4 Tous les risques susceptibles de se produire sont-ils adéquatement couverts ?

4.5 La prime est-elle adéquate ?

4.6 Les polices sont-elles en vigueur ?

5. Relations avec les employés :

5.1 Analyse détaillée des conventions collectives et des autres contrats conclus avec des employés ;

5.2 Respect de la Loi sur les normes du travail ou du décret applicable ;

5.3 Respect des contrats en vigueur ;

5.4 Cotisations à la Commission de santé et sécurité au travail et respect des autres lois applicables ;

5.5 Déterminer la liste des employés que l'acheteur désire conserver à son emploi et entreprendre les démarches nécessaires en ce sens à compter de la date de clôture ;

5.6 Obtention et analyse des dossiers des employés que l'acheteur désire conserver à son emploi — date d'embauche, problèmes, réclamations, etc..

6. Contrats d'emploi :

6.1 Clauses applicables en cas de vente des actions ;

6.2 Clauses de mobilité en cas de changement de siège social.

7. Plans de pension et autres bénéfices aux employés:

7.1 Analyse de la capitalisation, des documents, des ententes et des autres obligations de la compagnie à cet égard.

8. Sûretés et privilèges :

8.1 Vérification des enregistrements des sûretés dans tous les districts où la compagnie a une place d'affaires ;

8.2 Vérification de toute la documentation relative à toutes les sûretés, notamment des clauses applicables en cas de changement de contrôle ;

8.3 Obtention d'une confirmation des créanciers relativement aux différents soldes dus et aux sûretés détenues ;

8.4 Y a-t-il eu des travaux récents sur les immeubles pouvant amener l'enregistrement d'un privilège ? Si oui, vérifier si ces travaux ont tous été payés ;

8.5 Y a-t-il matière à privilège sur les biens meubles ou immeubles suivant les termes du Code civil ? Si oui, vérifier le paiement de toutes les dépenses pouvant amener la création d'un tel privilège ;

8.6 Les taxes foncières ont-elles toutes été payées à ce jour ?

8.7 Les taxes d'affaires et taxes d'eau ont-elles toutes été payées à ce jour ?

9. Obtention d'un rapport de solvabilité sur la compagnie.

10. Vérification des dossiers de crédit.

11. Vérification des causes pendantes devant toutes les juridictions.

12. Vérification des stocks :

12.1 Étude des titres de propriété — vérifier s'il n'y a pas de vente conditionnelle, de sûreté en vertu de l'article 178 de la Loi sur les banques ou de cession de biens en stock ;

12.2 Inspection physique ;

12.2.1 Désuétude ;

12.2.2 Quantité ;

12.2.3 État de l'entreposage.

13. Comptes à recevoir :

13.1 Obention et analyse d'un rapport d'âge ;

13.2 Vérification de l'état des comptes à recevoir ;

13.3 Vérification des débiteurs majeurs ;

13.4 Vérification des sûretés applicables, s'il y a lieu, par exemple, cession générale de dettes de livres.

14. Exploitation :

14.1 Vérification des permis ;

14.2 Vérification des licences ;

14.3 Vérification du respect des lois et règlements applicables ;

14.4 Mettre en place les mécanismes nécessaires pour l'obtention de nouveaux permis à l'acheteur ou pour la cession des permis existants s'il y a lieu.

15. Baux et contrats majeurs :

15.1 Analyse détaillée de tous les baux et contrats importants ;

15.2 Vérification des droits en cas de cession ;

15.2.1 Autorisation requise, le cas échéant ;

15.3 État du respect des différents contrats ;

15.4 Durée et conditions des différents contrats.

16. États financiers :

16.1 Vérification des principes comptables utilisés ;

16.2 Étude et analyse des décisions prises et des choix faits au moment de la préparation des états financiers ;

16.3 Vérification des changements depuis la date des derniers états financiers.

17. Marques de commerce, brevets et autres droits de propriété intellectuelle :

17.1 Vérification de l'état des dossiers de propriété intellectuelle, y compris les enregistrements, la désignation des propriétaires, la durée et autres formes de protection ;

17.2 Vérification de la propriété des différents biens de la propriété intellectuelle ;

17.3 Vérification des licences et autres droits accordés à l'égard des droits de propriété intellectuelle ;

17.4 Vérification de l'état des cessions des droits de propriété intellectuelle ;

17.5 Vérification des engagements de non-concurrence et de non-confidentialité, y compris la possibilité de les transmettre à l'acheteur ;

17.6 Mise en place des mécanismes et rédaction des documents requis pour la cession des différents droits à l'acheteur.

18. Contrats d'approvisionnement:

18.1 Analyse détaillée des contrats d'approvisionnement majeurs ou écrits.

19. Impôts :

19.1 Vérifier si les différentes déclarations fiscales ont dûment été produites à tous les niveaux — déclarations d'impôt sur le revenu, déclarations de remises de l'employeur, déclarations de remises de taxe de vente, fédérale et provinciale, etc. ;

19.2 Vérification du respect des différentes lois fiscales.

20. Subventions si applicables :

20.1 Vérification de l'état des dossiers et des contrats en vigueur ;

20.2 Vérification du respect des conditions rattachées aux subventions ;

20.3 Vérification de l'effet du changement de contrôle.

21. Contrats de financement :

21.1 Vérification de l'état des dossiers;

21.2 Vérification du respect des conditions de financement ;

21.3 Vérification de la possibilité d'un remboursement anticipé et des conséquences de la vente des actions sur les différents contrats de financement.

22. Conventions concernant les actions ou le changement de contrôle :

22.1 Vérification de toutes les conventions entre actionnaires ou conventions unanimes des actionnaires et du respect de leurs dispositions ;

22.2 Vérification de tous les contrats de financement relativement aux effets de la vente des actions ainsi qu'à l'égard des sûretés pouvant exister sur les biens — nantissement, acte de fiducie, etc.

23. Avances dues aux actionnaires :

23.1 Si les avances dues aux actionnaires doivent être remboursées, vérification de l'absence de subordination desdites avances en faveur d'une institution financière et de toute autre contrainte à ce remboursement.

24. Avances dues à la compagnie par les actionnaires :

24.1 S'assurer que leur remboursement est fait avant la clôture ou sinon que des billets promissoires sont dûment signés stipulant les conditions et modalités de ces remboursements.

25. Lois applicables à certaines transactions :

25.1 Vérifier si la Loi sur la concurrence s'applique à la transaction et, si oui, s'assurer du respect de la loi ;

25.2 Vérifier si la Loi sur l'investissement Canada s'applique à la transaction et, si oui, s'assurer du respect de la loi ;

25.3 Vérifier si la Loi sur les valeurs mobilières s'applique à la transaction et, si oui, obtenir les dispenses ou autorisations nécessaires.

ANNEXE

2

Programme de clôture d'une vente d'actions

Ordre du jour de la séance de clôture

Acquisition par « Acheteur » de la totalité des actions émises et en cours de « Compagnie dont les actions sont vendues »

Date : _____

Heure : _____ : _____

Lieu : _____

_____

_____

_____

_____

_____

Présents : _____ Représentés par : _____

Également présents : _____

_____

Réserve :

À moins d'accord au contraire donné par les parties concernées, aucune transaction prévue à l'ordre du jour de la séance de clôture ne sera censée être conclue et aucun document ne sera censé être signé et livré à moins que toutes les transactions et tous les documents prévus à l'ordre du jour ne soient respectivement signés, complétés et livrés. Cependant, une fois la séance de clôture terminée, les transactions et les documents prévus à l'ordre du jour de la séance de clôture sont censés avoir été complétés et signés selon l'ordre et suivant la séquence établie pour le déroulement de la séance de clôture.

Déroulement des transactions

Dépôt des autorisations à la vente des actions et au changement de contrôle de la « Compagnie dont les actions sont vendues »

1.

2.

3.

Dépôt des études de titres concernant les immeubles de la « Compagnie dont les actions sont vendues » ;

Dépôt des certificats de localisation concernant les immeubles, propriété de la « Compagnie dont les actions sont vendues » ;

Dépôt du certificat de régularité relatif à la «Compagnie dont les actions sont vendues » ;

Dépôt du certificat d'attestation des charges relatif aux signataires du « Vendeur » ;

Dépôt du certificat d'attestation des charges relatif aux signataires du « Vendeur » ;

228

Dépôt d'un extrait certifié de la résolution des administrateurs du « Vendeur » autorisant la vente ;

Dépôt d'un extrait certifié de la résolution des administrateurs de l'« Acheteur » autorisant l'achat ;

Dépôt et signature de la convention de vente ainsi que de ses annexes ;

Dépôt et signature de la quittance des actionnaires, administrateurs et dirigeants de la « Compagnie dont les actions sont vendues » ;

Dépôt du certificat et de la déclaration solennelle des dirigeants de « Compagnie dont les actions sont vendues » ;

Dépôt et signature des engagements de non-concurrence de :

1. « Personnes dont l'Acheteur requiert des engagements de non-concurrence »,

2. idem,

3. idem.

Démission des administrateurs et dirigeants de la « Compagnie dont les actions sont vendues » ;

Résolution des administrateurs de la « Compagnie dont les actions sont vendues » ayant trait à :

1. transfert des actions,

2. acceptation des démissions des administrateurs et des dirigeants et nomination des remplaçants,

3. adoption d'un règlement concernant le changement du siège social,

4. adoption d'une résolution concernant le changement de l'adresse du siège social,

5 adoption d'un nouveau règlement bancaire,

6. changement des officiers signataires pour les fins bancaires de la « Compagnie dont les actions sont vendues ».

Résolution des actionnaires de la « Compagnie dont les actions sont vendues » ayant trait à :

1. approbation du règlement concernant le changement du siège social,

2. approbation du nouveau règlement bancaire,

3. changement de vérificateur.

Entrées au registre des administrateurs concernant les changements des administrateurs et officiers de la « Compagnie dont les actions sont vendues » ;

Entrées au registre des actionnaires de la « Compagnie dont les actions sont vendues » concernant le changement des actionnaires ;

Signature du registre des transferts de la « Compagnie dont les actions sont vendues » ;

Endossement des certificats d'actions du « Vendeur » dans la « Compagnie dont les actions sont vendues » et émission des nouveaux certificats à l'« Acheteur » ;

Dépôt et signature des statuts de modification relatifs au changement du siège social de la « Compagnie dont les actions sont vendues » ;

Dépôt et signature du formulaire relatif au changement du siège social de la « Compagnie dont les actions sont vendues » ;

Dépôt et signature du formulaire relatif au changement d'administrateurs de la « Compagnie dont les actions sont vendues » ;

Dépôt et signature d'une déclaration de raison sociale en Cour supérieure relative au changement du siège social de la « Compagnie dont les actions sont vendues » ;

Dépôt et signature d'un prospectus relatif à différentes transactions concernant la « Compagnie dont les actions sont vendues » ;

Dépôt et signature d'un nouveau règlement bancaire, d'une nouvelle résolution bancaire et d'une carte de signature pour la « Compagnie dont les actions sont vendues » auprès de « Nom de la nouvelle banque de la Compagnie dont les actions sont vendues » ;

Opinion juridique de « Procureurs du Vendeur et de la Compagnie dont les actions sont vendues » ;

Paiement du prix de vente par l'« Acheteur » au « Vendeur ».

COLLECTION LES AFFAIRES

Un plan d'affaires gagnant (2e édition)
par Paul Dell'Aniello

24, 95 $
141 pages 1989

Le guide des franchises du Québec
Institut national sur le franchisage

34, 95 $
366 pages 1989

5 must pour rester en affaires
par Paul Dell'Aniello

18, 95 $
190 pages 1988

Comment faire sa publicité soi-même (2e édition)
par Claude Cossette

24, 95 $
184 pages 1989

Faites dire oui à votre banquier
par Paul Dell'Aniello

24, 95 $
248 pages 1991

Les pièges du franchisage :
comment les éviter
par Me Jean H. Gagnon

24, 95 $
182 pages 1989

Le marketing direct
par Paul Poulin

34, 95 $
200 pages 1989

1001 trucs publicitaires
par Luc Dupont

34, 95 $
288 pages 1990

La créativité, une nouvelle façon d'entreprendre
par Claude Cossette

24, 95 $
200 pages 1990

Patrons et adjoints :
les nouveaux associés
par André A. Lafrance et Daniel Girard

24, 95 $
160 pages 1989

Le Canada des années 90 :
effondrement ou renaissance ?
par Kimon Valaskakis

24, 95 $
300 pages 1990

Dictionnaire économique québécois
par Jean-Pierre Langlois

14, 95 $
196 pages 1988

Le Québec mis en chiffres
Quebec in numbers
par Jean-Bernard Fabre

39, 95 $
504 pages 1988

Guide de planification financière
Samson Bélair / Deloitte & Touche

27, 95 $
260 pages 1990

Comment réduire vos impôts
Samson Bélair/ Deloitte & Touche

16, 95 $
304 pages 1990

Les REÉR en 1991
par Steven Kelman et Robert Rivard

16, 95 $
168 pages 1990

HORS COLLECTION

La bourse, investir avec succès
par Gérard Bérubé

34, 95 $
420 pages 1990

La bourse, c'est facile (4ᵉ édition)
par Alain Kradolfer

14, 95 $
171 pages 1987

Les options (2ᵉ édition)
par Charles Langford

9, 95 $
95 pages 1986

L'analyse technique
par Charles Langford

12, 95 $
68 pages 1986

Les fonds communs de placement
Grosvenor

12, 95 $
218 pages 1988

L'assurance-vie
par Claude Perrier

14, 95 $
176 pages 1988

**Comment lire les états financiers
des compagnies québecoises**
par Gérard Bérubé

11, 95 $
137 pages 1987

Autodiagnostic : l'outil de vérification de votre gestion
par P. Levasseur, C. Bruley, J. Picard

16, 95 $
146 pages 1991

De Ville-Marie à Montréal
Tableaux de Bourbonnais
textes d'Ernest Pallascio-Morin

29, 95 $
80 pages 1991

À la recherche du pays de Félix Leclerc
Tableaux de Labelle et textes de Claude Jasmin

27, 95 $
70 pages 1989

COLLECTION INFORMATIQUE & BUREAUTIQUE

**Comment choisir, installer et dépanner
micro-ordinateur et périphériques**
Formanitel

34, 95 $
290 pages 1989

**Guide d'achat d'un micro-ordinateur,
IBM et Macintosh**
Formanitel

19, 95 $
120 pages 1990

L'édition électronique
Le Groupe Logiforces

28, 95 $
160 pages 1989

Achevé d'imprimer
en septembre 1992 sur les presses
des Ateliers Graphiques Marc Veilleux Inc.
Cap-Saint-Ignace, Qué.